« ÉLOGE »
Série dirigée par Vincent Landel

DU MÊME AUTEUR

Ma vie secrète, par Joseph Staline, récit apocryphe (Baudouin).
Guide Paucard des filles de Paris, essai (Pauvert/Carrère).
Carnets d'un obsédé, essais (Julliard/L'Âge d'Homme).
Gripari mode d'emploi, entretiens (L'Âge d'Homme).
Lazaret, roman (L'Âge d'Homme).
Petit manuel du séducteur en campagne, essai (Balland).

Scénarios de bande dessinée :

6T. Mélodie (dessin : Denis Sire) (Humanoïdes Associés).
Bushido (dessin : Françoise Vannereau) (Glénat).

ALAIN PAUCARD

ÉLOGE
DE LA FAIBLESSE

et autres petites lâchetés

ÉDITIONS ROBERT LAFFONT
PARIS

© Éditions Robert Laffont, S.A., Paris, 1988
ISBN 2-221-05622-1

A Hervé Masson

> Il s'était senti envahi d'une grande lâcheté de tout l'être, d'un immense besoin de se laisser vivre.
>
> COURTELINE

AVANT-PROPOS
ou
POUR EN FINIR AVEC LA FORCE

Vous êtes faible? Moi aussi. Vous en éprouvez de la mauvaise conscience? Moi pas. L'auteur de ces lignes a bien souvent succombé à la faiblesse et la pratique aujourd'hui avec lucidité et détermination.

« Que la force soit avec toi! » proclame le chevalier Jedi interprété par Alec Guinness dans la célèbre trilogie filmée de *La Guerre des étoiles*. « Que la force soit avec moi! » répondent les élèves doués.

Eh bien, je ne marche pas. Et je crois que j'ai raison de me méfier du volontarisme contemporain.

La force n'a aucune raison d'être avec moi pour la simple raison qu'elle ne se sent pas attirée par moi. Je n'aime pas la force. Le phénomène est connu : l'argent va à ceux qui aiment l'argent, les femmes à ceux qui les désirent vraiment, et les ennuis à ceux qui les attirent.

Ce que l'on nomme commodément le complexe d'infériorité – et la volonté curative qui en appert –, masque mal la tentative à laquelle on assiste quotidiennement de transformer les agneaux en loups, les malingres et les chétifs, physiques et moraux, en velléitaires, imitateurs besogneux des costauds. Il y a là une fiction dominatrice qui s'aggrave au fur et à mesure que le monde contemporain nous inonde de ses marottes. Les goitreux, les catarrheux, les bègues et autres bigleux, toute cette multitude, c'est un marché, un espace lucratif, comme l'on dit, et il faut bien achever d'insuffler de la mauvaise conscience à ces cibles publicitaires afin qu'elles tentent de se surpasser. L'ère moderne est une calamité.

Jadis, on trouvait dans le goût de l'échec la reconnaissance presque consciente de la chute originelle. Aujourd'hui, le courage serait obligatoire si la cohorte frénétique des battants, des gagneurs, des positifs et de tous ceux qui les chaperonnent, obtenait le moindre pouvoir. Heureusement, il y a encore un État, des vieux sages qui refusent et refuseront — enfin, je l'espère — de promouvoir le statut du fort.

Le raisonnement des promoteurs de la force et du courage contient un vice congénital. Les gens réellement forts ne pensent pas à la force, aux moyens de l'acquérir, de la conserver et de la développer. Les gens vraiment forts *sont* la force, indépendamment de la situation, de la culture ou de la mode.

Mais les mots sont les mots et, pour ne pas s'étourdir de synonymes, il est plus prudent de les définir. Je crois à la nécessité des dictionnaires, et

AVANT-PROPOS

même à leur vertu, puisque, utilisés, ils restent toujours vierges, toujours prêts à l'emploi. Je les ouvre pour avoir les idées claires. Pour ce qui concerne la force, la définition est longue, mais je note que les mots « puissance », « pouvoir », « action », reviennent très souvent. Voyons « courage ». J'y lis que « force morale » est vieux. Démodé, si je comprends bien. Le courage ne serait donc plus une force morale? Le sens courant serait plutôt « fermeté devant le danger, *la souffrance* (souligné par moi) ». Je commence à comprendre et c'est assez terrifiant.

Mes connaissances en histoire sont limitées, mais il me semble que le courage, autrefois, était une force morale, une force charitable. Aujourd'hui, le courage n'est plus qu'une résistance devant la douleur, une attitude où la spiritualité disparaît. Belle époque!

J'ouvre maintenant mon dictionnaire à « faiblesse ». La liste des correspondances — ou supposées telles — me confond. L'ignoble veulerie côtoie la très médicale asthénie. On y évoque la pauvreté d'un roman, l'insignifiance d'un argument, la petitesse du nombre. On a l'impression que les rédacteurs, marque-pages honteux des passions humaines, ont écrit ce paragraphe en se cachant dans un trou de souris, en se terrant entre deux volumes.

Heureusement, la sagesse populaire, en nous léguant le trésor permanent de ses maximes, morales et sentences, nous rappelle à la raison. Il est courant

ÉLOGE DE LA FAIBLESSE

d'entendre dire que celui qui étale sa force, qui en abuse, révèle une pitoyable faiblesse.

C'est un grand drame philosophique que la dialectique en soit réduite à être confondue avec la simple rhétorique. Si les jeunes gens s'habituaient à étudier la relation des contraires, les grandes personnes ne prendraient pas cet air idiot quand on tente de leur expliquer que la force est la faiblesse et la faiblesse la force. Très exactement, le triomphe de la force dévoile la faille béante de la faiblesse. Au contraire, la réalisation consciente, lucide, désespérée — c'est-à-dire sans espoir — de la faiblesse procure l'apaisement.

L'homme n'a le choix qu'entre l'escalade de la roche Tarpéienne, avec les conséquences que l'on sait, et la conquête de la force d'inertie, force qui se magnifie par les qualités inhérentes à la faiblesse : la ruse, l'inengagement. La faiblesse est elle-même un merveilleux terreau pour ce qui constitue le but vraiment noble d'une existence : la sagesse.

Je ne suis ni un missionnaire, ni l'un de ces psychologues au rabais qui brûlent d'aider leurs semblables. Je ne serai pas le Dale Carnegie des faibles. J'ai seulement envie de faire glisser le bâillon que les gros bras ont placé sur ma bouche et de communiquer mes exaspérations. Le grand, le cher Baudelaire, ne dit-il pas que « le premier venu, pourvu qu'il sache amuser, a le droit de parler de lui-même »? Voilà pourquoi cet *Éloge de la faiblesse*

AVANT-PROPOS

est un éloge de *ma* faiblesse. La faiblesse des autres m'intéresse, certes, mais pour tout dire, je n'aime décidément que la mienne. Je serai ravi qu'à me lire d'autres faibles se sentissent plus forts, mais là n'est pas mon problème et je me garderai, avant toute chose, de leur demander de s'unir, ne sachant que trop ce qu'il advient de la puissance qu'on leur livre.

Au demeurant, les hommes de pouvoir sont souvent les vrais sages. De tous les corps constitués, la Police est l'institution dont le programme révèle la plus grande connaissance des êtres humains. Dans son infinie sagesse, la Police ne cherche pas à éradiquer le crime de la surface de la planète, mais tout simplement à le contenir dans des limites raisonnables. L'institution policière reconnaît implicitement qu'il n'y a pas de progrès en morale.

Si je devais exprimer, par une simple phrase, à la fois explicite et concise, ce que j'entends par faiblesse admise, si cette prise de position, pas le moins du monde vindicative ni revendicative, devait s'appeler solution, alors, ce serait simple. *Je choisis de rester comme je suis.* Il est heureusement trop tard. Je ne serai fort que du refus de la force. Je serai un faible sans honte, sans cette mauvaise conscience qui nous pousse aux engagements. Mais qu'on se rassure, je ne tendrai pas la joue gauche aux soufflets des cuistres. Ce n'est ni dans mes goûts, ni dans mes choix. Il est hautement préférable de ne pas se trouver en situation de recevoir une gifle sur la joue droite. Tout part de là.

Qui se souvient encore du *Mur de la mort ?* C'était une attraction de fête foraine où un motocycliste adhérait aux parois cylindriques d'un manège grâce à sa vitesse de rotation. Il était à la merci d'un accident mécanique ou d'un instant d'inattention. Le fort est semblable à ce motocycliste, condamné à rouler de plus en vite en tournant en rond.

La voie de la faiblesse révèle une autre sorte d'équilibre. On y pratique le surplace et l'on se sert d'un balancier. C'est la voie du funambule.

1.

FAIBLESSE ET FAIBLESSES

> *On doit avouer ses qualités à voix basse, et ses faiblesses à voix haute.*
>
> TALMUD

Je ne suis pas spécialiste de préhistoire, mais voici, à mon avis, comment les choses se sont passées. Il y a trois personnes dans une caverne. Il peut sembler incongru d'appeler personnes des êtres au mental si rudimentaire, mais cela m'est nécessaire pour exprimer ce que je veux dire. Trois personnes, donc, deux hommes et une femme, déjà le trio classique, rien n'est bien neuf sous le soleil.

Cette scène se déroule-t-elle avant ou après le péché originel? Voilà un point qui m'échappe, toutefois il me semble que si Rhâ — c'est le nom que je donne à la femme — se couvre de peaux de bêtes, c'est pour échapper au froid et non voiler sa nudité d'un pudique manteau. Des deux hommes, Thor est ce qu'on appelle — et sans préjuger des critères esthétiques en vogue à l'époque — un bel athlète, costaud, bien bâti. Il possède, selon l'agréable expression de nos chanteuses réalistes, des gros biscoteaux. L'autre homme — je le nomme Gloup pour montrer, par ce patronyme ridicule, sa désespérante faiblesse — est malingre, chétif, point bête, certes, mais le moment n'est pas encore venu où l'intelligence remplace la vertu.

Rhâ a faim et, de plus, elle veut un nouveau manteau. Ce n'est pas rien, par leurs temps qui courent, de ramener dans la douce chaleur de la caverne un morceau de dragon avec sa peau. Mais Rhâ possède des arguments vieux comme le monde, même quand celui-ci est jeune. Thor a compris, il se lève, se saisit vigoureusement, avec force gestes démonstratifs, de sa massue, adresse un sourire complice à la belle Rhâ, franchit l'entrée du logis commun et s'enfonce dans la nuit des temps.

Gloup aussi a compris. Ce n'est pas encore cette fois qu'il mangera à sa faim en caressant les cuisses de la désirable Rhâ. Bien content si les deux amants lui laissent un os à ronger. Bien heureux si l'autorisation tacite lui est accordée d'assister à des ébats certes primitifs, mais non dépourvus d'une animalité sensuelle. Gloup se recroqueville dans son coin, dans sa niche. Ce n'est pas sa faute si la nature l'a fait ainsi.

Quelques milliers de siècles ont passé. Les cavernes

ont été remplacées par de curieux assemblages géométriques, délimités entre eux par de compliqués réseaux déambulatoires. La mentalité n'a pas beaucoup changé. Les humains se déplacent dans de grosses tortues à roulettes et l'une de leurs préoccupations favorites consiste à ranger cette grosse bête entre deux autres grosses bêtes, le jeu étant rendu difficile par la rareté des espaces intermédiaires. Pour une de ces places, les humains sont prêts à recourir à l'insulte, aux coups, au meurtre en se servant de massues en métal, dont chacune de ces grosses bestioles est pourvue. On le voit, rien dans le comportement humain ne permet de constater le moindre progrès dans l'amélioration des attitudes. Pourtant la vie de Gloup est plus facile. Plus besoin de se livrer à de hasardeuses chasses. Maintenant, le gibier est décortiqué, conditionné, emballé, étiqueté, vendu dans de grandes bâtisses claires et propres. Il suffit de se baisser légèrement pour s'emparer de sa nourriture et la déposer dans un panier spécial. Évidemment, il n'y a rien sans contrepartie, il faut payer, c'est-à-dire remettre à un préposé des billets et des pièces, eux-mêmes obtenus d'un échange subtil que des théoriciens désignent sous le terme de *vente de la force de travail*.

Le grand, l'immense et le seul progrès, c'est que l'on n'a plus besoin d'être costaud pour assurer la nourriture des siens. Gloup a enfin épousé Rhâ, quant à Thor, élève médiocre, travailleur déçu, il s'est engagé dans la Légion étrangère où ses qualités physiques ont trouvé un terrain propice à leur épanouissement.

Certes, dans plusieurs compartiments de la vie active, notamment chez les jeunes, subsiste le comportement néandertalien. Les enfants sont des petits salauds qui passent leur temps à se rassurer en torturant les plus jeunes et les plus faibles. Parfois, ces entreprises sont encouragées par les professeurs de gymnastique, ultimes survivants du paléolithique, mais enfin, il faut en convenir, il n'est plus nécessaire d'être fort pour survivre dans la société contemporaine.

Dès lors, je peux m'assumer *en tant que tel,* en tant que faible craignant les coups, redoutant l'engagement physique, fuyant les engagements et les rassemblements qui débouchent trop souvent sur des affrontements. Faible je suis, faible je reste. Ma faiblesse se nourrit de toutes les faiblesses du monde, tous les petits défauts, charmants ou pas, qui constituent l'essence d'une existence agréable.

La vie d'un homme n'est qu'une longue suite de faiblesses, de renoncements, se fondant en une seule et même faiblesse, congénitale, inhérente à sa nature.

N'est-ce pas la conscience de la faiblesse qui fait tout le prix d'une existence, cet effort douloureux pour admettre que l'on n'est pas le héros annoncé, que peut-être il existe, mais que ce n'est pas nous, que ce n'est pas soi?

FAIBLESSE ET FAIBLESSES

Dans une vie cotonneuse et ouatée comme l'est la vie moderne, contrairement à la roborative vie ancienne, la force, le courage n'ont de nécessité que pour des spécialistes, ou des travailleurs enchaînés à leurs machines.

Mais il existe un paradoxe. Je le vis, je le vois, ne sachant par quel bout le prendre. Il se résume à ceci : à chaque fois, que, dans ma jusque-là courte vie, je me suis laissé aller, que j'ai écouté la voix de mes tentations, de mes faiblesses, je me suis retrouvé en situation téméraire, en situation de prouver mon courage.

Le courage, je l'ai pratiqué trois fois. Je ne parle évidemment pas de réflexes. Il semble qu'une étrange conjonction, une alchimie de sentiments nous poussent à plonger pour sauver un noyé. D'où vient cette pulsion ? D'un instinct de conservation ? Mais c'est tout le contraire. Alors, peut-être de la culture, de bribes d'éducation civique, d'un idéalisme de bande dessinée, lui-même façonné par un inconscient collectif où se mêlent la chevalerie et la légende héroïque. Il est plaisant d'être un sauveteur, sans souci des responsabilités et des suites inévitables. L'égoïsme jouisseur vient au secours du courage physique et lui souffle à l'oreille : « Vas-y, fonce ! Tu auras les honneurs, et la femme appartiendra au vainqueur. » Gloup en sait quelque chose.

Le courage que j'ai pratiqué trois fois s'est présenté les deux premières sous la forme d'une fuite en avant, et la troisième sous celle de l'inconscience la plus folle.

L'école primaire fut la seule école qui me vit bon élève, notamment en rédaction. Une maîtresse n'hésita pas un jour à m'envoyer dans une classe nettement supérieure pour y lire mon dernier devoir à haute voix. Chez moi, je lisais beaucoup, d'une bonne culture populaire, Aimard, Bonneau, Boussenard, d'Ivoi, etc., et tout me portait vers un avenir littéraire. Mais voilà, dès l'âge de quinze ans, je trouvai le moyen de me détourner de mon destin. Avec l'aide de copains d'école, je montai un orchestre de rock n'roll, plus exactement une petite formation, et, sous la dénomination de *Frankie Presle et ses G. Men,* je me lançai à l'assaut du Golf Drouot et des maisons de disques. Qu'on s'imagine un peu le courage d'une génération qui voyait poindre à son horizon le départ pour l'Algérie. Monter sur scène, téléphoner pour prendre des rendez-vous et auditionner, quelle école pour un gamin de quinze ans! Nous vivions une époque charnière dans laquelle, pour la première fois dans l'histoire, guitares et pianos s'électrifiaient sur une grande échelle. La technique était rudimentaire, les courts-circuits nombreux. Un jour, nous rétablîmes le contact en nous servant d'une mèche de cheveux. Nous risquions l'électrocution avec l'insouciance propre aux jeunes ambitions. Mais le plus grand drame, il faut l'avouer, c'était l'insuffisance évidente de nos connaissances musicales. Certes, les traditions de l'opéra italien ne se perpétuaient pas au Golf Drouot et nul chanteur n'avait à y redouter un lancer de tomates. Mais les commentaires désobligeants étaient le lot commun des prestations. Cela tenait de l'arène, de la fosse aux lions, heureusement sans mise à mort, et je compris un soir le pourquoi des clameurs. Le groupe vainqueur était celui qui venait entouré de la plus nombreuse bande ovationniste.

Le Golf Drouot, je le vainquis, je conserve encore les comptes rendus de presse du concert. Mais les maisons de disques, ce fut autre chose. Vaincre un auditoire coca-colisé, passe encore, mais vaincre la réticence d'un producteur à ouvrir son carnet de chèques, c'est différent. Alors, je changeai de genre, fis du *folk,* puis du *rive-gauche,* suivant les modes, perdant mon identité, lisant peu, n'écrivant plus.

Je revins à la littérature, mais de manière penaude, n'osant plus m'attaquer à des gros machins, me cantonnant dans des critiques de cinéma, me poussant au fond de cette terrifiante impasse qui consiste à écrire sur les autres. A force d'insister avec moi-même, je m'apprêtais à m'atteler à des tâches plus exaltantes, quand, dans les mêmes circonstances ayant motivé mon enrôlement sous la bannière du rock, j'empoignai hardiment – et des deux mains – le drapeau rouge de la révolution. Ah, on allait voir ce qu'on allait voir! J'avais été privé de guerre coloniale, mais dans les délices de la guerre civile, je saurais me « tremper au feu de la lutte de classes ». Les expressions entre guillemets sont d'époque. Cela dura jusqu'à un samedi de janvier 1973, quand je participai à ce que je ne savais pas encore être ma dernière manifestation.

La situation se présentait ainsi : barrant la rue Scribe à la hauteur de la rue des Mathurins, une double rangée de gardes dits mobiles se tenait bien droite derrière une haie de boucliers en plastique. Descendant la rue de Mogador, une manifestation de soutien à je ne sais plus quoi progressait rapidement. Dûment encadrée par quelques dizaines de jeunes gens casqués et armés de barres de fer, la foule anonyme était destinée à propulser plus avant, par sa masse, les bagarreurs des premiers rangs.

Or, voilà ce qui se passa. Après avoir marqué un temps d'arrêt, le service d'ordre de la manifestation se rua sur le service d'ordre de l'État républicain. En quelques secondes, l'élan transporta les premiers de l'autre côté de la ligne imaginaire tenue par les seconds. Des deux côtés, on prit des coups, on se fit des bosses, mais rien de bien grave. Le seul problème fut que la masse ne suivit pas, se sépara de ses premières lignes protectrices. Cela me fit penser à ces locomotives qui continuent leur chemin, délestées de wagons mal attelés.

Je me retrouvai dans une situation bien connue de ceux qui ont des lettres et qui est abondamment décrite par Stendhal ou Drieu La Rochelle. Je me retrouvai – dis-je – dans la peau du promeneur des batailles, de cet égaré qui ne parvient pas à prendre une décision, voire à ressentir une émotion. Ni frayeur ni courage, seulement du détachement. On connaît la chanson : qui suis-je? Que fais-je? D'où viens-je? Je me la chantai intérieurement, incapable de rejoindre les premiers rangs, qui se concertaient, benoîts, derrière les gendarmes, ou d'aider les autres à reformer les rangs. J'étais curieusement – et je tiens à ce terme, cela m'apparaissait finalement comme digne d'investigation – absent.

Mais voilà que du boulevard Haussmann, par notre droite, arrivait en renfort un important détachement des compagnies républicaines de sécurité, tirant au passage force grenades lacrymogènes dans notre direction. Nos amis casqués n'eurent que le temps de refranchir le petit barrage des gendarmes et il se distribua de nouveau, et de part et d'autre, des horions. La foule se replia également, plutôt en désordre, se débandant dans les rues adjacentes, ou se diluant dans l'anonymat complice des Galeries Lafayette.

Je ne pris pas la fuite. La fuite n'est pas forcément une manifestation de lâcheté. Rien n'est plus mouvant qu'une foule, rien n'est plus fluctuant qu'un combat et celui qui fuit chargeait peut-être, l'instant d'avant. La fuite n'est donc, en ce domaine, qu'une figure de la défense. La véritable lâcheté ne se manifeste donc pas dans la fuite, figure conjoncturelle, mais réside dans la volonté délibérée, consciente, affirmée, de ne pas se trouver dans une situation où l'on risque des coups et des jours de prison en prime.

Je ne pris pas les jambes à mon cou, mais je m'éloignai quand même prudemment du lieu de l'affrontement. Ce n'était pas la peur qui me commandait de quitter les lieux, mais la raison. Suivant une bonne vieille méthode, je me dirigeai vers la ligne des CRS. Il faut dire que je ne suivais pas cette stupide mode consistant à se vêtir d'un uniforme de militant. Me fondant au milieu des chalands complices et bienveillants, je n'eus aucune peine à me retrouver de l'autre côté, vers la Madeleine, par la rue Godot-de-Mauroy.

Les boutiques de mode, les putains, le luxe étalé, tout concourait à me montrer la vie sous un jour nouveau, à éclairer un monde de jouissance et de plaisirs. Voilà donc, pensais-je, ce que les risibles engagements, les sottes prétentions au courage, les maniaques incitations à l'épreuve physique vous font louper. J'avais autre chose à faire, d'autres « tâches à accomplir » pour parler dans ce jargon universel. Le soir même, je repris tous mes gribouillis antérieurs, marqués du sceau de la littérature édifiante et j'en fis un feu de joie symbolique. Habité par la grâce, j'entrepris de rédiger, dans la foulée, un court texte, *Éloge du cul,* qui aujourd'hui encore m'assure le respect des populations. C'était tout de même plus enthousiasmant que de soutenir je ne sais qui en

FAIBLESSE ET FAIBLESSES

lutte contre je ne sais quoi. Mais pour ce faire, j'avais besoin de la tiédeur d'un refuge. Je pris une résolution. Désormais, je ne m'attaquerais même pas à plus faible que moi, fuyant devant les responsabilités, les obligations, déguerpissant devant l'appel de la trempe physique, m'éloignant sans broncher devant les provocations, décampant devant la moindre pétition, éludant les questions embarrassantes, biaisant pour ne pas m'engager.

C'était il y a quinze ans. Je n'ai pas changé ma ligne de conduite. Je l'ai même améliorée, peaufinée, élevée à un niveau supérieur, qui sera peut-être celui de l'art, jusqu'à la fin inéluctable. Mais dans l'instant où je revendique mon droit à la faiblesse, comme d'autres à des différences qui n'en finissent pas de se ressembler, je constate avec effarement que je ne peux m'empêcher de pratiquer le courage, puisqu'en définitive, la bravoure suprême c'est la franchise.

Mais j'ai promis de parler des trois fois où je fus courageux et il me faut maintenant traiter du dernier point. Ayant échappé au rock n'roll et à la révolution, je pouvais donc, enfin, me consacrer à ce qui était ma véritable destinée. Je compris que je l'avais toujours su, mais qu'effrayé par l'ampleur de la tâche, je m'étais tiré des pattes de ma responsabilité en pratiquant des activités d'éclat. Mes courages appliqués n'avaient su me guider que vers des voies de garage. C'est à la faiblesse volontairement affichée que je devais d'avoir retrouvé le courage réel, celui du travail en solitaire.

Le jeune écrivain est semblable au terrassier à qui l'on demanderait de creuser un trou sans l'avertir qu'on le laissera s'affairer jusqu'aux antipodes. L'image de l'écrivain qui perdure dans les chaumières représente un jeune homme aux cheveux longs, un peu négligé, quoique propre de son linge, attendant l'inspiration comme un maraîcher la pluie. La réalité est évidemment autre. Très vite, l'apprenti écrivain se heurte à toute une série de contingences matérielles dont l'énumération a déjà fourni matière à d'autres livres. Ce qui compte pour lui, du moins la première fois, c'est de voir son nom imprimé. Mais vient l'appétit de gloire et de lucre, sans omettre la luxure.

Si c'était à refaire, oui, vraiment, je dénicherais une place de bibliothécaire, dans un établissement spécialisé, où l'on ne voit personne, hormis quelques érudits cacochymes. Dans la bienveillante tiédeur de ces hauts murs, j'écrirais des poèmes, que je reproduirais moi-même, à cent exemplaires environ, sur la vieille ronéo de l'endroit. Dans le même temps, je rédigerais, en grand secret, une thèse sur *Les boutons de col dans la littérature postromantique*. J'aurais la paix, je serais tranquille.

Mes différents courages ont produit un effet bénéfique. Je sais aujourd'hui qu'ils n'étaient que l'expression la plus brute de mes faiblesses, qui se fondent en une seule et même faiblesse : le refus de plus en plus marqué de ce qui coûte, de ce qui peine, hormis le travail.

« La meilleure façon de se débarrasser d'une tentation est d'y succomber », nous prévient Oscar Wilde, en nous évitant les stupides retenues de la mauvaise conscience. Nos faiblesses sont aussi des péchés mignons.

Je possède des trésors d'indulgence pour celui qui se reconnaît faible, et je n'ai nul besoin de le questionner pour qu'il l'avoue. Une reconnaissance tendre et spontanée me pousse vers ce frère. Il est de mon peuple, de ma race.

Qu'on laisse venir à moi les timides affichés, les paresseux reconnus, les gourmands volontaires, les fragiles révélés, les complaisants adorables, les égoïstes jouisseurs, les couards bienheureux, les lâches vindicatifs ! Que les faiblesses capitales se transforment en commandements et qu'on me laisse illustrer les miennes !

Ma faiblesse permanente, c'est la timidité. Sans elle, sans surtout celle que j'éprouve devant les femmes, je n'aurais pas cherché à séduire, autrement que dans le louable but de convoler.

Durant des années, je n'ai pas osé réclamer pour une monnaie détournée, pour un service mal accompli. Mais j'ai entrevu la possibilité d'une autre attitude, d'une autre alternative que le silence ou le râle protestataire. Durant d'autres années, je n'ai pas osé prendre une main, ou des lèvres, mais j'ai soupçonné les possibilités infinies de la conquête amoureuse. Ces dernières années, je n'ai pas toujours su refuser les innombrables invitations de trop vieilles connaissances, mais j'ai deviné les possibilités de l'esquive.

Et quand je rentre chez un marchand de chaussures, si ma timidité me conseille, que dis-je, m'ordonne d'arrêter mon choix au bout de trois essayages, afin de ne pas trop importuner la vendeuse, qui est pourtant payée pour ça, c'est sans doute qu'une voix inconsciente et flatteuse me rassure et me glisse qu'en choisissant d'instinct, je renoue avec le geste du peintre zen qui se saisit de l'instant.

A propos de la timidité que les hommes éprouvent devant les femmes, il est de bon ton d'affirmer qu'elles préfèrent les hommes d'élite, sûrs d'eux et dominateurs. C'est ma foi vrai, mais le contraire l'est tout autant. Rien ne plaît autant que la révélation d'une déchirure intérieure, et cette insigne faiblesse qui s'apparente, à dire vrai, plus à la gaucherie qu'à la timidité, exprime, mieux que toutes les sûretés d'attitude, une véritable noblesse.

Il me revient fréquemment des images de cette plus épouvantable partie de notre vie, je veux parler, bien sûr, de l'adolescence. Dans ces images d'Épinal à l'envers, je tiens souvent le mauvais rôle, de celui qui tient la chandelle, ou, scènes encore plus cruelles, de ces occasions perdues pour n'avoir pas su saisir le moment. Vraiment, au bal des occasions perdues, je ne ferai pas tapisserie. Mais ce qui me soulage, et me prouve que la timidité m'a été une chance qu'une bienheureuse providence a placée sur mon chemin, c'est que tous les petits malins de l'époque sont devenus rapidement, trop rapidement, des jeunes mariés. Je n'ai rien contre l'institution, elle est nécessaire, mais elle ne l'était pas, pas si vite, pour moi. La timidité m'a donc donné le temps de voir venir. Ce n'est pas rien.

Depuis quelques années, je fréquente surtout des êtres s'exprimant avec maturité et s'adressant plus volontiers aux garçons de café par « dites-moi, mon brave » que « m'sieu, s'iou plaît ». A force de les côtoyer, j'ai naturellement appris à les connaître et je peux affirmer qu'ils sont tous d'anciens timides. Il est possible qu'ils le soient encore. Rendons grâce, une fois de plus, à la timidité qui a fait d'eux des gens polis.

Ma faiblesse la plus courante, c'est la gourmandise. La nature a bien fait les choses en rendant les mets les plus agréables difficiles à digérer. Elle a particulièrement joué son rôle avec moi en me dotant d'un foie capricieux et fragile. La sonnette d'alarme ne se fait pas attendre. Je suis donc contraint d'espacer mes dévotions à la bonne table. Contraint, oui, mais par ma seule volonté. Je suis d'une insigne faiblesse devant une assiette de charcuterie, un verre de vin ou de whisky. Et l'on a beau se dire, se répéter que la qualité n'a rien à voir avec la quantité, ou n'en est pas moins atteint par les prémices de l'ivresse. Voilà maintenant que je me suis mis au cigare. Après des débuts hésitants avec de petits cigares de la Régie, j'ai adopté les Havane. Quel foie d'hépatique résisterait aux assauts conjugués de l'alcool, du tabac et de la cochonnaille? Je peux me consoler en affichant mon horreur des sucreries, ma phobie du chocolat, mon désintérêt pour les gâteaux (à l'exception de mes croissants *pur beurre* du dimanche matin) − personne n'est dupe.

De temps en temps, je m'arrête. Mais pas plus de quelques jours. Au premier soupçon d'amélioration, je replonge dans l'intempérance. Mais sans cette douce faiblesse, aurais-je connu ces grands bordeaux, ces sublimes whiskies? Ne me serais-je pas contenté de jajas ou de digestifs artisanalement concoctés dans des arrière-cuisines? Ma connaissance relative, mais qui va croissant, des harmonies d'amertume, des palettes de goûts fleuris, cette curiosité insatisfaite pour des arômes nouveaux n'est-elle pas issue directement de ma gourmandise? Mieux, elle a stimulé une autre soif, celle des connaissances, tant il est vrai que chacune de nos nouvelles manies nous pousse à la comprendre dans sa totalité.

La gourmandise ouvre la porte d'une voie dont je m'entretiendrai plus tard. Que le lecteur sache

FAIBLESSE ET FAIBLESSES

cependant que la gourmandise est sans objet si elle n'est pas contrôlée par la rigueur d'une dégustation contrôlée. De toutes les faiblesses, la gourmandise est, bien que ce ne soit pas directement perceptible, la plus philosophique.

Ma faiblesse la plus incurable, c'est la paresse. Non que je me lève tard; j'aime, en général, me lever en même temps que le soleil (il est vrai que je me couche plus tard que lui). Il s'agit d'une paresse toute simple, sans prétention philosophique, qui consiste à ne rien faire. La légende qui prétend que la paresse est épuisante ne peut qu'avoir été forgée par ceux dont la tâche consiste à faire travailler les autres. Cela posé, la paresse est aussi une activité. Et de la même façon qu'il est possible d'effectuer plusieurs occupations en même temps, il est également possible de se livrer à plusieurs inoccupations en même temps. On peut − et je ne m'en prive pas − marcher en regardant autour de soi le spectacle des rues, on peut encore − je ne m'en prive pas plus − boire du thé en fumant un cigare (le thé de Chine se marie très bien avec le Havane), on peut aussi écouter de la musique, ou lire, en tirant sur ce cigare. Mais ce n'est pas tout. A toutes ces occupations jumelles, s'en ajoute une qui se pratique dans tous les cas de figure : penser. Je dis bien penser et non réfléchir. Penser, c'est mettre de la rigueur dans ses rêves, c'est les ordonner, en tirer une cohérence. C'est préparer son travail d'écriture. La paresse vagabonde est nécessaire au travail, puisqu'elle le prépare et que, par la seule force des comparaisons, elle délimite judicieusement ces nécessaires contraires. Durant toute ma vie, je ne me suis jamais départi de ma paresse, mais elle m'a enseigné l'urbanisme des constructions intérieures.

Ma faiblesse la plus affaiblissante, si je peux m'exprimer ainsi, c'est la fragilité. Je parle du physique et du moral. Si je n'étais pas convaincu, par l'étude, du lien étroit et mystérieux entre les embrouilles et les maux de tête, il me suffirait d'écouter mon corps pour me rendre à l'évidence.

Commençons par cette faiblesse morale qui fait que la plus petite contrariété prend des proportions gigantesques. Je suis ainsi fait, et je me suis ainsi fait, que je doute de moi, tout en ayant une haute opinion de moi-même. Ce n'est nullement contradictoire. Si j'avais une très mauvaise opinion de moi-même, je serais rassuré. Il est difficile de tomber plus bas. Le président Mao, qui avait la vue stratégique, déclarait : « Un contre dix sur le plan stratégique, dix contre un sur le plan tactique. » Il entendait par là qu'il convenait de mépriser ses ennemis sur le long terme, mais d'en tenir le plus grand compte sur le court terme. Je fais de même. Je méprise assez mon pire ennemi, moi, sur le plan stratégique, mais sur le plan tactique, je suis assez embêté. Dans vingt ans, pas de problème, je sais où je vais, et j'y vais de ce pas. Mais là, maintenant, tout de suite, quelle épouvantable existence! « L'avenir est radieux, mais le chemin est tortueux. »

Cette pression du doute sur la foi engendre une fragilité morale extrêmement désagréable, mais fort enrichissante. Les crises reviennent, cycliques, apportant la terreur quand elles s'annoncent et un début d'éblouissement quand elles s'éloignent. Il convient de ne plus les appréhender, mais de les accueillir, d'apprendre à vivre avec, comme un rhume chronique ou un rhumatisme. C'est la même démarche qui revient à ne pas s'affoler devant les petits bobos. Ils sont des symptômes préventifs bonifiants. L'âme, la pauvre âme souffre et ne sait plus comment se faire entendre.

Ma faiblesse la plus dévalorisante, c'est la complaisance. Nous ne sommes pas aimés à notre juste valeur et la réparation la plus simple à cette injustice est de s'aimer un peu plus. « Connais-toi toi-même », disent-ils. Fort bien, mais se connaître est des plus dangereux. C'est un vertige, un gouffre, un maelström. On en sort hébété, abruti, avec ces tremblements de membres qui caractérisent les rescapés des grandes catastrophes. Ainsi, c'était donc ça, un tube digestif avec des organes autour. Quant à l'intellect, force est de reconnaître que, de nos jours, ça ne vole pas haut. Aujourd'hui, un humaniste est un pieux laïque, spécialiste des droits de l'homme, et il est d'autant plus louable, remarquable et remarqué, je veux dire émergeant des lamentations, qu'il sait pleurer sur les causes à la mode et se taire pudiquement sur les autres. De culture, il n'est plus question. Aussi, quand une jeune femme, ou toute autre personne, me dit d'un air admiratif que je suis cultivé, j'ai envie de rire et refrène à grand-peine les sarcasmes qui se bousculent sur mes lèvres. Comprenez donc cette vérité, je me suis cultivé de votre ignorance, je ne suis cultivé que de votre ignorance. Votre impéritie spirituelle me rehausse par le jeu des différences, mais au fond, je sais bien que je ne sais rien. Et vous voudriez que je ne me fasse pas cette douce violence de la complaisance, de l'amour de moi ou de ce qu'il en reste? J'ai cherché un jour la plus grande, la plus terrifiante insulte qu'on puisse adresser à celui que l'on veut mortifier, avilir, et j'ai fait défiler dans ma mémoire les plus lamentables grossièretés, mais ça ne collait pas, l'outragé aurait esquivé. Mais maintenant, je l'ai, je la tiens, il me suffit de *laisser tomber,* avec un soupir de dédain : « Espèce de toi-même! » pour que l'horreur apparaisse sur le visage de l'offensé. Lui, qui se connaît bien, ne les oubliera pas, ses petites mauvaises actions, ses vilenies évitables. En

FAIBLESSE ET FAIBLESSES

pratiquant la complaisance, mais à dose homéopathique, je me préserve contre ce que je sais trop bien.

Ma faiblesse la plus critiquable, c'est l'égoïsme, bien sûr, mais qu'on veuille écouter mon plaidoyer. Il est aujourd'hui du plus mauvais effet de dire, ou plus exactement d'avouer, tant l'inquisition permanente est grande, qu'on préfère ses enfants à ceux d'Éthiopie, son travail à d'épuisantes vacances sur des plages méditerranéennes, et son chez-soi aux joies de la vie communautaire. Le freudisme, si pratique, et si prompt à donner une explication sur tout ce qu'on fait, ou plutôt ce qu'on ne fait pas, a trouvé un mot dont la contraction, à la consonance quelque peu hispanisante, tombe comme un couperet sur le malheureux qui s'inquiète de sa propre existence et voit dans l'humanité environnante une conspiration de crétins : *parano!* On me dit de garder la tête froide, que le monde ne va pas si mal. C'est justement parce que j'ai la tête froide que je vois avec lucidité combien les autres m'en veulent. Les autres m'en veulent comme je leur en veux. Ils ont raison de m'en vouloir et j'ai encore plus raison de ne pas les aimer. J'aurais beau me lier, ou simplement sourire aux milliards d'individus, je n'en connaîtrai jamais qu'une poignée et c'est avec cette poignée que je dois apprendre à vivre. Or, de cette poignée, seuls quelques élus deviendront des copains, encore moins des amis. Sans compter le temps qui viendra bouleverser les programmes et transformera l'ami d'hier en zombie indifférent.

L'individu ne peut aimer toute l'humanité, pour la simple raison qu'il n'en a pas le temps. Dans nos jours les plus lucides, quand nous marchons dans les rues, notre tentation profonde se matérialise sous la forme d'une bulle de bande dessinée qui sortirait de notre tête et viendrait nous surplomber de quelques centimètres. Dans la bulle, un trait d'abord hésitant, puis de plus en plus sûr, sous les coups de fusain de la conscience, mettrait à jour un instrument qui pourrait bien ressembler à une mitrailleuse. Une mitrailleuse chargée et dont les bandes seraient inépuisables. Mais ce n'est qu'une vue de l'esprit. Qu'on nous présente un brave homme, un seul, et nous fondrons devant son sourire de bonté.

L'enfant et l'adolescent savent ce qu'est l'injustice. Quand mes parents me découvraient paresseux, indifférent, je ne répondais rien parce que c'était vrai. Mais qu'ils me traitassent d'hypocrite et je regimbais aussitôt. Ce qu'ils appelaient hypocrisie, c'était tout simplement que je n'avais pas envie de leur raconter les petits secrets de mon quotidien. Je ne voyais pas en quoi cela pouvait les intéresser. Je n'éprouvais pas la moindre envie d'être le copain de mon père, j'en avais déjà et les copains d'enfance sont assez difficiles à vivre. En revanche, quand ils m'accusaient d'égoïsme, j'étais d'accord avec eux, mais je ne comprenais pas en quoi c'était un défaut. Il me semble logique de s'intéresser à soi, on nomme d'ailleurs cela l'instinct de conservation.

Il n'est pas jusqu'à ce que le monde moderne appelle la sexualité qui n'ait vu l'égoïsme se dresser devant elle comme un mur de la honte. L'égoïste nous fut livré aux fins d'exécration sous les traits d'un Thénardier du stupre aux engagements trop brefs. Nous sommes toujours plus ou moins victimes de la pression des modes et je passai une partie de ma jeunesse à me consacrer au plaisir de l'autre. Je me suis *donné du mal*. J'ai été attentif à ses désirs jusqu'au jour où j'ai décidé de tirer mon coup et de balancer le terme de mon impatience au moment où cela m'arrangeait le mieux. Je suis très peiné de le révéler, mais ça ne changeait pas fondamentalement le plaisir de la dame. Peut-être même qu'il y gagnait...

Pensent-elles à nous quand elles sont saisies de spasmes et de contractions, dont l'harmonisation combinée avec une frissonnante cérébralité débouche sur l'orgasme? La réponse est trop désespérante.

Dans cette période de glaciation spirituelle, celui qui désire simplement *faire son boulot*, se doit d'endosser une solide carapace, empruntée à une tortue plus que centenaire. Loin de la foule déchaînée, ou assoupie – une foule reste une foule – se dresse la silhouette élégante d'une tour d'ivoire. Le recours aux tours d'ivoire est le bon moyen de s'échapper, de fuir, de se protéger.

Ernst Jünger, en proposant un *Recours aux forêts,* tendait à perpétuer le mythe de Robin des Bois. Mais son *Traité du rebelle,* explicite par son titre, ne peut être détaché du contexte qui l'a vu naître, l'immédiat après-guerre, communément dénommé *guerre froide.* Le recours aux forêts est issu du blocus de Berlin, pernicieuse époque où les deux grands jouaient au « retenez-moi ou je fais un malheur ». Le recours aux tours d'ivoire que je propose est d'une autre nature. La tour est le symbole admis du pouvoir, d'un pouvoir non dénué d'érotisme, puisque, traditionnellement, la tour est le principe mâle qui enconne la voûte céleste. Celui qui possède la tour domine.

La tour d'ivoire a cet avantage de ne pas rechercher la hauteur, mais l'éloignement. La tour est une pièce du jeu d'échecs. Elle le cale, transperce les autres pièces par de longues attaques perpendiculaires. Sa force vient de sa pénétration illimitée, alliée à la rigueur de l'angle droit. Rentrant en action le plus tard possible, elle permet au roi d'opérer un mouvement qui brouille les cartes, le roque. La tour démontre ainsi de quel matériau elle est faite. L'ivoire, matière noble, protège du bruit et de la lumière du dehors. La tour d'ivoire produit sa propre énergie, sa propre luminosité intérieure, jamais ce mot ne m'a paru si approprié. En recourant à la tour d'ivoire, l'individu peut se garder, se mettre en garde, voire en attente, et se consacrer à sa véritable destinée, se retrouver.

De toutes mes faiblesses, celle dont je suis le plus fier, c'est une irrémédiable couardise. Je n'ai aucune envie, aucune tentation de mesurer ma force à celle de qui que ce soit. Certes, l'origine étymologique du mot me laisse un peu rêveur, mais je suis prêt à supporter quolibets et sarcasmes. Il remonte, en effet, à l'an 1080 et se traduit par « qui a la queue basse ». J'aime assez cette image, à la condition, bien sûr, de n'y voir aucune allusion à mes capacités libidineuses. J'ai toujours trouvé plaisante, drôle et sympathique, l'image d'un chien s'éloignant d'un air contrit, *la queue basse*. En voilà un qui a bien saisi l'inanité des engagements physiques, qui n'insiste pas, qui sent bien qu'il est des actes pour lesquels nous ne sommes pas préparés. La couardise est le premier pas qui coûte vers la connaissance de soi sans danger.

J'ai eu des amis couards. Je me souviens de ce garçon du Sud-Ouest, lisant force livres et revues anarchistes, se plaignant de l'immobilisme des sociétés, de l'égoïsme des individus — tout cela se tient — et s'exaspérant des institutions et des corps constitués. Mais que pète un tuyau d'échappement, qu'explose un pneu, que ces bruits lui évoquent un coup de feu — il n'en entendait pourtant qu'au cinéma — le voilà qui plongeait sous son lit, les yeux fermés et les oreilles bouchées.

Il est vrai qu'il avait, selon cette belle expression des joueurs, payé pour voir. Le jour de son incorporation militaire, les instructeurs, dans le louable dessein de prouver au monde la modernisation de l'Armée française — nous sommes en 1950 — proposent aux recrues... une dictée. Et attention, préviennent-ils, une dictée où « vous pourrez tout dire, tout ce que vous avez sur le cœur, en pleine franchise, sur le service militaire ».

Les conscrits se concertent. Ce qu'ils pensent du service? Cette blague! Mais du mal, pardi, le plus grand mal. Le service leur fait perdre un an et demi, les arrache à la ferme, enlève des bras à la récolte, à l'entreprise familiale, les sépare de leurs parents et de leurs petites amies, les éloigne de leur région. Voilà ce qu'ils décident. Nous allons tous remettre une copie sur laquelle sera écrite cette vérité élémentaire : l'armée, c'est le bordel, puis nous développerons sur ce thème. Mais attention les gars, prévient le plus malin d'entre eux, pas de blague, hein, personne ne se dégonfle! Tels les quatre sergents de La Rochelle, les comploteurs prêtent serment. Mon homme n'a qu'une parole. Je me l'imagine, la langue tirée, écrivant d'une écriture appliquée le brûlot antimilitariste. On s'en doute, c'est une poire. Il est le seul à tenir parole, alors que ses petits copains, dans la solitude littéraire de la rédaction, le laissent froidement tomber. Un adjudant ramasse les copies et les porte à la célèbre *Voie hiérarchique*. Le lendemain matin, quand le sergent de semaine pénètre dans la chambrée où les soldats sont au garde-à-vous, il n'hésite pas, se dirige vers le paquetage de mon téméraire, jette couvertures et vêtements à terre, en s'écriant :

— C'est le bordel, vot' paqu'tage!

Prenant goût à la plaisanterie, les autres sous-officiers, qui se signalent souvent par un magnifique esprit de corps, emboîtent le pas au sergent de semaine et les journées de vingt-quatre heures se transforment en un marathon de corvées pour le malheureux.

— Hé vous, là, le gars qui dit que l'armée c'est le bordel, vous êtes de corvée de chiottes!

La tête de Turc aurait dû suivre le conseil de mes grands-parents, qui me répétèrent durant toute mon enfance, que ce soit au sujet de l'école ou du service national : « Surtout, ne te fais pas remarquer. » Or, conséquence de cette épouvantable timidité dont je me suis déjà entretenu, j'ai passé mon temps à me *faire remarquer*. Jusqu'au jour où, membre du comité de rédaction du journal du régiment, et responsable de la page Art & Spectacles, il me prit la folle envie de donner mon avis sur un chanteur pied-noir, vedette de l'Olympia pour la première fois. Autant le révéler tout de suite, j'abhorre ce chanteur et tout ce qu'il représente : l'odieux *machisme* méditerranéen, l'ersatz musical de la géniale musique arabe, le football et bien entendu, la criminelle mélopée des droits de l'homme. Il y a plus de vingt ans, je n'avais pas peaufiné mon analyse, ne laissais parler que mon oreille (quelle image!). J'écrivis un court article, d'une rare violence et j'attendis. Ça ne traîna pas. Le soir même de la distribution de la feuille de chou, un sous-off pénétra dans le bureau et demanda à la cantonade :

— Lequel c'est, Poucar'?

Et comme je me présentais :

— Félicitations, vous réussirez dans la vie. Maintenant, il suffit de dire du mal de ceux qui ont souffert.

J'appris, le lendemain, que le syndicat des sous-officiers *(sic)* demandait mon inculpation pour « atteinte au moral de l'armée » et mon envoi aux « sections spéciales métropolitaines ». Pour le coup, je sentis des sueurs perler le long de mon cou, les sections spéciales en question étant les équivalents contemporains des célèbres Biribi et Tataouine. Certains détenus préféraient avaler des lames de rasoir plutôt que de continuer à supporter un tel enfer. Voilà où m'avaient mené ma fanfaronnade permanente, mon goût de la provocation. Évidemment, deux ans après les accords d'Évian, j'aurais dû me douter que la moitié des sous-officiers était pied-noir et l'autre sympathisante de l'ex-OAS. Heureusement, un commandant pied-noir, d'origine corse, me

FAIBLESSE ET FAIBLESSES

tira d'affaire. Le brave homme s'était pris de sympathie pour moi et appréciait particulièrement les histoires grivoises que je racontais. Cela sauve la vie, parfois, d'être un bouffon.

De cette couardise reconnue a surgi une autre de mes faiblesses, la plus honteuse, la lâcheté. A dire vrai, la lâcheté est la pratique de la faiblesse. Et bien entendu, la faiblesse est la théorie de la lâcheté. Le sens que je donne au mot lâcheté est son premier. Je suis lâche comme une corde est lâche, distendue. Je ne cherche pas à retenir ce qui s'en va, je ne me soucie pas de provoquer de dangereux à-coups en résistant. Je laisse aller, et de cet affaissement général du corps et de l'esprit, qui me conduit à me pelotonner, à me mettre en boule, à rendre mon dos rond, je tire à la fois une philosophie de la survie et une pratique de l'autodéfense passive.

Au complexe du chêne, j'oppose la sagesse du roseau. Plier, plier encore, plier mais ne pas rompre, conserver une lueur d'intégrité face aux brutes ténébreuses. Que le corps accepte la défaite, que la parole l'admette, soit, mais rien ne peut empêcher l'individu de continuer à penser. Toute la littérature surgie des sociétés dictatoriales nous le prouve amplement. Certes, il faut se garder d'un regard trop fier, éviter les sourires ironiques, goguenards, mais le cerveau a de la place à revendre pour garder nos pensées les plus révoltées. Les étagères de l'âme ne sont pas encore remplies.

Pourquoi ne pas l'avouer? Pourquoi ne pas nous représenter la faiblesse sous la forme d'une qualité? N'espérons-nous pas, d'une femme convoitée, *un instant de faiblesse,* un abandon généralisé, une levée des défenses immunitaires? De quelle goujaterie me révélerai-je comptable en louant la faiblesse des femmes quand elle me convient et en blâmant celle des hommes quand elle empiète sur la virilité? Hommes inconséquents, n'avez-vous pas compris que notre faiblesse et son aveu constituent notre plus bel attrait? Quelle tendresse espérer de celui qui ne se veut pas faible?

Le plus profond de nous-mêmes est aujourd'hui perverti par la domination des trois grandes véroles contemporaines, de la sainte trinité : *médias, pub, show-biz* [1]. Elle nous commande d'être positifs, battants, volontaristes, actifs, dynamiques, efficaces, ne cherchant à voir que le côté blanc du monde, ignorant le côté noir, négatif, et surtout, l'équilibre qui provient d'une unité sans cesse provisoire de ces contraires. La pensée-laudanum nous inonde de clichés saint-sulpiciens sur la jeunesse qui gagne, la vieillesse

---

1. Le tourisme aussi!

qui gère, la femme qui s'assume, l'adolescent responsable et ne commençons pas l'énumération, parfois drôle, des nouveaux quelques choses.

Dans un monde qui n'est plus le mien parce qu'on n'y vante plus les défauts nécessaires, écologiquement souhaitables, souffrez que je me livre à un éloge de ma faiblesse, à un éloge de la faiblesse.

2.

L'ÉTOFFE DES HÉROS

> *Ce qu'il y a de faible dans le monde,*
> *c'est ce que Dieu a choisi pour confondre*
> *la force.*
>
> SAINT PAUL

D'un naturel curieux, j'ai cherché longtemps de quel animal l'homme pouvait bien descendre. Le postulat me plaisait. Que l'être humain, aujourd'hui chaussé et vêtu, puisse avoir eu comme cousin un « non-humain » marchant pattes nues, me réjouissait.

L'homme ne descend pas du singe. L'observation attentive, minutieuse, de la vie de l'espèce convainc non seulement du bien-fondé de cette évidence, mais débouche sur une conclusion déchirante : l'homme descend de la taupe.

Je vois de nombreuses raisons de promouvoir la taupe. Elle est nocive, d'abord, extrêmement parasitaire, et puis, surtout, sortie de ses trous, elle n'y voit rien. L'homme est vraiment à son image : ébloui par la lumière révélatrice du soleil, sitôt qu'il sort de ses galeries. Il se sent bien dans la terre grasse des jardins. Que va-t-il chercher ailleurs? Voilà son drame, cette témérité à s'emparer des mondes qui ne lui appartiennent pas, qui ne lui conviennent pas.

Le monde moderne a permis l'irruption de la taupe au grand jour. Certes, à bien des égards, et particulièrement à celui du logement, la taupe reste la taupe. Mais cet animal aveugle peut enfin se prendre pour autre chose qu'il est. Il est vérifié, une fois de plus, que les points de vue ne sont vraiment déterminés que par l'endroit d'où l'on se place. Les rats, m'a-t-on dit, sont persuadés que les hommes impriment des livres pour les nourrir.

Le drame de la taupe, c'est de ne plus se voir telle qu'elle est, de se prendre pour ces animaux fabuleux, légendaires, résultats d'accouplements fantastiques, croisements venus des airs et des mers, pour ne rien dire de nos modestes mais robustes lions, tendres mais agiles gazelles, nonchalants mais cruels serpents.

Aveugle et nue, la taupe veut au moins se vêtir. Elle prétend à un tissu exceptionnel, l'étoffe des héros.

L'étoffe des héros... belle expression mais qui ne me convient guère. En quel lieu et sous quel climat se procurer ce tissu? A quel tailleur confier la réalisation du costume? J'éprouve la pénible impression d'être voué au prêt-à-porter bon marché, au *décrochez-moi-ça*. Oh, je me doute bien que l'étoffe des héros ne s'obtient pas ainsi, qu'il faut la mériter, que c'est à une quête, à un dépassement qu'on doit son bon de cretonne. L'éternel choix de la poule ou de l'œuf n'évite pas non plus celui de l'étoffe et des héros. Le héros crée-t-il l'étoffe, par son action, créant ainsi une seconde peau mutante, ou est-ce l'étoffe, innée, qui crée le héros ? Une chose est certaine, j'étais absent le jour de la distribution et je continuerai d'aller mal vêtu, usant jusqu'à la corde les vêtements usagés donnés par les riches.

Mais je me trompe. L'étoffe des héros, c'est la toile la plus rugueuse, perméable, laissant passer frimas et courants d'air. Le courage est à ce prix, la trempe à cette aune. L'étoffe des saints n'était-elle pas justement proportionnée à leurs martyres ? Quel homme de foi croirait aux vertus de sacrifice d'un saint bien au chaud, les pieds au sec et les mains dans les poches ?

La littérature populaire a permis l'éclosion contemporaine de l'anti-héros. C'est le martyr d'aujourd'hui, qui ne cherche pas à sauver son âme, mais sa peau. Brusquement confronté à des situations qui le dépassent, le pauvre bougre est contraint par les circonstances de sauver sa peau et de se montrer héroïque malgré lui, sans le faire exprès. *You better run for your life,* chantaient les Beatles, ajoutant, il est vrai, *if you can,* précision essentielle.

La vie imite l'art, c'est maintenant reconnu et il me plaît de trouver dans les personnages de roman les exemples nécessaires à ma démonstration. On me reprochera de trop m'appuyer sur des lectures plutôt que sur des faits. Mais la lecture est une dimension normale, évidente, du psychisme. Elle permet de s'affronter aux faits des autres, que l'écriture, en quelque sorte, sacralise.

Dans ses meilleurs romans — ceux où les descriptions d'orgies alternent savamment avec les exposés philosophiques —, Sade prend comme personnages principaux des hommes de pouvoir dont le seul courage consiste à persécuter des innocents sous le couvert de la loi qu'ils contrôlent. Le scélérat Saint-Fond conserve en permanence sur lui quelques lettres de cachet, où le nom de la victime est laissé en blanc, et les offre avec reconnaissance à la putain qui sait le toucher par l'étendue de ses ignominies vérifiables. A ses heures, entre la poire et le fromage, ou plutôt entre l'alcôve et la salle des tortures, entre le lit et le chevalet, Saint-Fond disserte sur les vertus.
Juliette le titille par ces mots :
« – La peur agit donc fortement sur toi?
– Oh, prodigieusement, ma chère! Je suis le plus Jean-foutre de tous les êtres, et je l'avoue sans la plus petite honte. La peur n'est que l'art de se conserver, et cette science est la plus nécessaire à

l'homme : il est absurde d'attacher de l'honneur à ne pas craindre les dangers; je place le mien à les redouter tous. »

Admirable style! Redoutable concision du jugement! Devant une telle densité de la pensée, tout écrivain ne peut que tirer son chapeau et s'incliner bien bas devant ce maître. Remarquons pourtant la double contradiction qui la régit. Saint-Fond, avouant sa peur en théorie, porte immédiatement le débat sur le plan pratique en arrêtant arbitrairement des innocents, coupables, demain, de s'opposer à son système inique. Le courage de Saint-Fond est donc grand puisqu'en réprimant, il crée obligatoirement, *dialectiquement,* les conditions de la révolte, et de son propre châtiment. Qui sait si un goût de la punition méritée ne vient pas rendre subtil son despotisme? « La peur n'est que l'art de se conserver », dit-il, mais alors, pourquoi ne pas admettre l'opposition, pourquoi ne pas s'attacher les multitudes par une sagesse éclairée dans l'art de gouverner? Qu'aurait-il à craindre d'une masse moutonnière? Ici gît une idée terrifiante, que je n'ose creuser, de peur d'y perdre l'équilibre, à savoir que la démocratie n'est pas le dernier refuge des acculés, mais le système perfectionné des forts.

Il n'importe. Pour Saint-Fond, le courage est une aberration spirituelle, réservée aux preux chevaliers dont l'occupation principale et la fonction sociale consistent à défendre la veuve et l'orphelin. En s'exprimant ainsi, notre odieux personnage se livre à une critique des valeurs du féodalisme chrétien. Anticipant sur le réalisme socialiste, il nous montre le héros positif de la bourgeoisie montante, en prenant systématiquement le contre-pied de la morale chevaleresque. Que Marx n'a-t-il lu Sade. Il aurait eu sous les yeux la description d'un moment charnière. Sade annonce Henry Monnier et Saint-Fond Joseph Prudhomme. Le chevalier a tout son temps pour être brave, il est d'ailleurs programmé pour ça. Le bourgeois n'a pas de temps à perdre, il accumule du capital et qu'importe si son ancêtre, Saint-Fond, s'y attelle brutalement.

Il y a un autre courage. Il est quotidien et son partage a lieu sous les auspices du mariage et du commerce. Rendons justice au bourgeois, je veux parler de celui de Balzac. Le couple de boutiquiers, consolidé par le labeur commun, partagé, possède de meilleures chances de durer que celui qui naît de l'éphémère passion.

Le seul courage est celui de vivre. A l'exception de quelques lobotomisés, chacun comprend un jour qu'il est taupe et que ses gesticulations n'y changeront rien. Chacun comprend, mais n'admet pas toujours. Vient alors le carnaval des velléités, la prétention à réformer, à changer. Quand on pense aux fourmis, on se prend à les envier. Bienheureuses fourmis qui vaquent en ignorant tout de la psychanalyse...

Pour certains — oserai-je dire « d'entre nous »? — les courages transitoires ne sont que des adjuvants, des prémices érotiques :

« — Sais-tu que j'ai eu bien peur? Il est délicieux de donner à ses nerfs cette première commotion avant que de leur imprimer celle de la volupté; voilà de ces graduations que les sots ignorent et qui ne devraient être connues que de gens tels que nous », dit obstinément Saint-Fond à Juliette, qui boucle la boucle.

Paddy Bawn Enright, Irlandais émigré aux États-Unis, revient dans son pays et chacun s'accorde à voir en lui un *homme tranquille.* C'est à la fois le titre d'une nouvelle de Maurice Walsh et d'un film de John Ford, le second étant inspiré de la première. Un *flash-back,* le récit intérieur du cinéma, nous le montre boxeur, tuant accidentellement un adversaire. Paddy Bawn ne retrouve pas la terre de ses ancêtres, rachetée entre-temps, dans de bizarres circonstances, par un mauvais coucheur, Will O'Danaher, surnommé Red le Roux. Tous les habitants du village attendent la réaction de Paddy Bawn, mais elle ne vient pas.

« — Il ne tenta rien pour rentrer en possession de son bien. Et les gens se mirent à secouer la tête et à exprimer sur son compte des appréciations peu flatteuses (...).

Mais Paddy Bawn laissait dire, souriait de son air tranquille... La vérité, c'est qu'il en avait assez de se battre. Il n'aspirait plus qu'à une chose : la paix. »

Red le Roux a une sœur, âgée de vingt-huit ans, Ellen. Dans la vertueuse Irlande, c'est presque un âge de vieille fille. Elle accepte d'épouser Paddy Bawn, sans l'aimer, mais que signifie encore ce mot, ne conviendrait-il pas mieux d'écrire sans ce frémissement intérieur et inquiet qui révèle le frisson amoureux. Amoureuse, elle le deviendra pourtant, « au cœur d'une nuit ». Un petit rien la retient cependant d'admirer totalement son mari. Son frère a promis une dot, mais ne la donne pas, espérant, par cette carotte brandie à Paddy Bawn, l'obliger à la demander, et, pourquoi pas, à se battre pour la récupérer. Ellen pousse Paddy Bawn dans ce sens, mais celui-ci répond : « Je t'aurais épousée sans ta dot. »

Les deux hommes se battront, pour le principe ou pour l'honneur — c'est un peu la même chose — après que Red aura donné la dot et que Paddy Bawn et Ellen, d'un commun accord spontané, l'auront jetée au feu. La scène dans laquelle les deux hommes se battent devant tout un village enjoué et survolté, est digne de toutes les anthologies. Elle se termine par la victoire du « bon » sur le « moins bon ». Mais en vainquant Red, Paddy Bawn n'a pas prouvé qu'il était le meilleur, il a simplement montré qu'il était plus costaud, qu'il avait plus de métier, qu'il était plus en forme, ou peut-être tout simplement qu'il était pressé d'en finir.

Il a montré son courage sans y tenir vraiment. S'il s'est décidé, c'est poussé par la prodigieuse force d'inertie des traditions, du mariage et du qu'en-dira-t-on. C'est peut-être plus encore pour se débarrasser d'un nœud gordien qui entrave sa vie d'homme tranquille.

« – Vierge Marie! s'exclama Ellen. La peine que j'ai eue à faire de lui un homme!

– Le Seigneur s'en était chargé avant même que vous veniez au monde, dit sévèrement Mickeen Oge. »

On ferme un livre, ou l'on quitte une salle de projection, repu ou critique, mais sans jamais se préoccuper de ce qui se passera après. Chimène et Rodrigue tombent dans les bras l'un de l'autre, mais tout n'est pas bien qui finit apparemment bien. La suite logique, inévitable, est écrite par Feydeau. Les plus grandes amours se liquéfieront dans les eaux usées, les odeurs de cuisine, et les purges de bébés. En refermant les images de *L'Homme tranquille,* je suis pourtant sûr que Paddy Bawn ne se battra plus jamais, qu'en cet ultime combat, il a dépassé ses refus antérieurs. Il a, sans doute une fois pour toutes, réglé son compte, tordu le coup à ce qu'il y eut en lui d'impatient, d'exalté, de fanfaron.

Tempérons quelque peu cette réflexion catholique. Tempérons-la d'autant plus qu'en ce gaélique pays de légendes, qui sait si Paddy Bawn n'était pas déjà un homme avant même de venir au monde?

Qu'entend Ellen par homme? Le mari qui porte la culotte, tout simplement, et elle use de toutes ses armes, toutes ses ruses, pour le pousser à se battre. Quant à Mickeen Oge, l'homme est pour lui le premier animal de la création, tout bonnement.

Dans les deux cas, on demande plus à l'homme qu'il ne souhaiterait donner. Il est enrôlé, de force, dans les bataillons du SCO [1]. Ce sont les circonstances et la pression des autres qui lui donnent l'occasion de montrer, de prouver sa valeur. Peut-on décemment appeler cela du mérite?

La conquête du courage ressemble à un satori. Le roman du même nom se déroule en 1863, durant la guerre de Sécession. Henry Fleming s'est enrôlé dans l'armée nordiste, à la manière de n'importe quel jeune homme curieux, pour voir. Dès son premier combat, il fuit lâchement, ce n'est pas un pléonasme, il est effectivement des fuites courageuses. La fuite le prend comme un accès de fièvre, et dans l'espace d'un moment, il court vers l'arrière, manquant de peu d'être rejoint par les obus adverses.

A cette fièvre de la fuite succède l'abattement de la honte devant le spectacle des blessés et des mourants, devant l'agitation méthodique de l'arrière et, surtout, devant sa propre sauvegarde. Il revient vers

---

1. Service du Courage Obligatoire.

sa compagnie. Elle n'a pas fui, se payant même le luxe, insensé pour des « bleus », de refouler la *furia* sudiste. A moitié assommé par la crosse d'un autre fuyard, Fleming se fait passer pour un vrai blessé. Le lendemain, il reprend sa place dans le rang, attendant une nouvelle charge ennemie, mais cette fois :

« Il lui semblait que ses compagnons et lui étaient en butte à des outrages et à des brimades parce qu'on les croyait faibles et lâches. Le sentiment de son impuissance à tirer vengeance de ces insultes transformait sa rage en un spectre sombre et violent dont il se sentait possédé et qui lui inspirait le rêve d'épouvantables cruautés. »

Tout est dit : l'orgueil du combattant, la nécessité d'une revanche contre lui-même, l'accès de fièvre qui motive la fureur et la douce ambition d'être cruel.

Dans le hasard du combat — mais le hasard n'est-il pas une peureuse formule pour désigner son propre destin? — il arrache la hampe du drapeau des mains d'un camarade frappé à mort et, par la seule force de son exemple, propulse la charge plus avant, la rendant victorieuse. Est-il devenu courageux? Était-il lâche? Je crois surtout qu'il a pris *goût* au combat, qu'il a senti sur lui les ondes sensuelles de l'égocentrisme, qu'il s'est vu en train de charger et que ce spectacle lui a plu. Le courage est le produit des circonstances, mais plus encore un jeu.

ÉLOGE DE LA FAIBLESSE

De tous les jeux de cartes, la bataille est le plus simple. On y joue dès son plus jeune âge, et on l'abandonne sitôt que l'on ne joue plus *pour du beurre*. Rarement jeu fut si bien nommé. Il promet ce moment où l'équilibre se rompt. Quelle leçon pour les enfants, si les maîtres d'aujourd'hui n'étaient pas si sottement et si souvent pacifistes! La guerre provient d'un déséquilibre. Mais dans la bataille, c'est le contraire, le combat des coqs. Deux cartes de même valeur, c'est une de trop. Bataille!

Sur le lieu du combat, il y a une armée de trop. Bataille! Henry Fleming, pris par le jeu, abat ses cartes, abat la carte du courage. Il est victime du mécanisme qui se met en marche à chaque guerre, qui transforme les pacifistes en guerriers, les objecteurs en parachutistes.

Si c'est aux résultats de ces actes qu'on juge le courage, il devient plaisant de conter l'insurrection irlandaise de Pâques 1916.

Les Irlandais sont à l'Angleterre ce que les Polonais sont à la Russie, passée, présente et à venir : une épine. Ils ont en commun la religion, mais ne l'appliquent pas de la même manière si l'on en juge par les facilités que les Polonaises accordent aux étrangers et les difficultés que les Irlandaises, à dire vrai, plutôt leurs frères, dressent devant les visiteurs clairsemés. Les puissances tutélaires n'ont pas manqué au devoir d'asservissement, mais enfin, dans le cas de l'Irlande, on peut admettre qu'il s'agisse d'un juste retour des choses, l'évangélisation étant partie de son île.

Les peuples au sang vif suivent avec passion les développements de l'industrie d'armement. Une nation à la tripe insurrectionnelle se porte plus volontiers sur le petit matériel, pratique dans le combat de rue, sur les armes blanches, utiles aux opérations silencieuses, et maintenant sur les explosifs niveleurs. Quelle joie quand les bombes sont miniaturisées, quand l'introduction des commandes à distance permet de prendre enfin du recul avec les risques du métier! Et puis, risque suprême, demander, et obtenir, de ses militants emprisonnés, de suivre une grève de la faim, dans le louable dessein d'offrir à la cause les martyrs indispensables. Peut-on encore parler de courage quand la foi en tient lieu?

Nous vivons une époque où la guérilla urbaine se gère à la manière d'une association financière, avec des risques calculés et des plans d'épargne. Ô combien devrions-nous regretter ces insurrections romantiques, où l'on prenait la pose sur des barricades, afin de montrer au peuple pour quel prix meurt un député. Ce n'était pas plus malin, mais cela avait tout de même de la gueule!

Le jour de Pâques 1916, les nationalistes irlandais s'emparent de la poste centrale de Dublin. Jusque-là, tout va bien. Un an et demi avant le coup d'État bolchevik de Petrograd, des révolutionnaires semblent avoir compris le rôle des communications dans une économie moderne. Vont-ils poursuivre et occuper les gares, appeler à la grève générale? Suivons nos insurgés. De la poste partent deux colonnes. La première en direction des établissements Guinness, la seconde en direction des établissements Jameson. Mais que fabriquent ces entreprises? Des armes? Des voitures? Foin de tout cela. Guinness est la célèbre brasserie et Jameson une distillerie de whisky. Ce jour-là, les *Sin feiners* battent un record, et c'est celui de la bêtise.

Mais une bêtise sympathique tout de même. Guinness est une grande bière, aux arrière-goûts de caramel et de réglisse, à l'amertume goudronneuse, qui se boit lentement, goutte à goutte, une bière qu'on boit en hiver, parce que sa fonction n'est pas de rafraîchir, mais de régénérer. Guinness régénère les travailleurs de force depuis 1759.

Jameson est le plus réputé des whiskies irlandais. Rappelons que ces whiskies sont vieux de sept ans en moyenne et que leur absence de tourbage, au contraire du scotch, détermine un arôme fleuri et une souplesse de goût très reconnaissables. A défaut de cœur, l'IRA a du goût.

Avec Paddy Bawn Enright, le courage véritable a été le refus de la violence. Avec Henry Fleming, il a été le produit du coup de tête. Avec les révolutionnaires irlandais, nous apprenons, non sans intérêt, que le courage provient d'une solide envie de boire un coup.

Le courage provient aussi de la peur. La peur qui donne des ailes, la peur qui submerge l'individu en de grandes vagues de trouille et qui le pousse parfois à fuir, parfois à se battre. En cette fin de siècle, les peurs ne manquent toujours pas. Quand bien même, l'espace d'un instant, nous serions privés de bombes et de centrales, de cancer, de peste et du reste, notre inconscient, sur simple demande, nous enverrait son catalogue de monstres, fantômes et dragons.
Une des manifestations les plus pernicieuses de la peur conduit à s'organiser pour la survie. Aux États-Unis, et sans doute chez nous, des individus terrorisés par les épées de Damoclès perpétuellement suspendues au-dessus de leurs têtes se liguent en sectes afin d'apprendre les techniques de la survie. Ce terme ne me semble pas adéquat. La survie – plus exactement la sur-vie – devrait être une forme d'existence spirituelle et méditative, or la survie telle qu'on l'entend tient de la sous-vie, d'une existence grégaire, larvaire, digne des égouts et des caves. Si l'humanité doit disparaître, ce ne sera pas forcément une mauvaise chose. Quelle banque accorderait encore du crédit à une entreprise qui s'est si pitoyablement suicidée? S'il se trouve des survivants, tant pis pour eux. Quel intérêt de se préserver de l'explosion, en

se murant dans des abris spéciaux — les taupes, toujours les taupes — pour se réveiller dans un Paris rasé et morne plaine [1]?

Les groupes de survie ne se préoccupent pas seulement d'ère post-atomique, mais de délinquance contemporaine. Lassés d'attendre la réforme impossible, ils capitulent et vivent en ignorant les institutions. La première mesure est de s'armer, de se constituer en milice d'autodéfense. Évidemment, ça ne traîne pas, ils se font souvent sauter leurs pièges à la figure. Tempérant leur pessimisme, ils conservent pieusement, dans des réfrigérateurs, des spermatozoïdes d'individus que l'on veut croire sains. Enfin, et c'est le plus dramatique, ils se privent de manger agréablement afin de s'entraîner à résister et soutiennent des régimes qui feraient se détourner de dégoût le *zek,* l'habitant du goulag, le plus chevronné.

Il me revient en mémoire une édifiante histoire sur ces personnes, tirée d'un excellent feuilleton de télévision, *Hill Street Blues.* Mais, avant de poursuivre, je tiens à prévenir ceux qui me reprocheraient de me servir, aux fins de démonstration, d'un téléfilm américain que le poncif est le langage noble de la culture populaire, dernier bastion des mythes et des légendes. Or donc, dans cet excellent téléfilm, *Hill*

---

1. Je sais, il n'y aurait plus de tour Montparnasse, mais c'est tout de même cher payé!

L'ÉTOFFE DES HÉROS

Street Blues, des flics se voient contraints d'embarquer un membre d'un de ces groupes de survie, coupable d'avoir tiré des coups de feu dans son escalier. On m'objectera que je m'exprime mal puisque l'on ne peut être reconnu coupable qu'après avoir été jugé. C'est intéressant à savoir pour les êtres sans défense qui reçoivent des balles dans le ventre.

Ce scénario, qui se signale par un art consommé de l'histoire croisée, nous conte, dans le même temps, le calvaire d'un policier dont la fille a été sauvagement violée. Suivons les destins parallèles et la montée en puissance de leur exacerbation. Le violeur est arrêté et bouclé au poste de Hill Street. Dans le même temps, le *survivor* y est également amené. Les flics, conciliants, le raisonnent : « Qu'est-ce que vous voulez qu'il vous arrive chez nous ? » Le père de la violée arrivant à son tour au *precinct,* le capitaine du poste, méfiant, lui demande son arme que l'autre lui donne sans problème. Mais il en a dissimulé une autre dans son pantalon et, froidement, abat le violeur. Par malchance, il se trompe de cellule et c'est le trouillard du groupe de survie qui se fait tuer à bout portant.

La leçon, fort subtile et inhabituelle, est d'une terrible évidence. Toutes les précautions n'empêchent pas un individu de rencontrer sa destinée. Secondairement, on n'est nulle part à l'abri. Ni dans un commissariat, ni dans un abri antiatomique. Et que dire de son chez-soi, ceint de fortifications psychologiques dissuasives, où les fâcheux s'introduisent quand même?

De tous les courages, il n'en est qu'un provenant d'une qualité : je veux parler de la franchise. Mais en est-ce vraiment une? Quand nos parents nous éduquaient encore avec les bonnes vieilles recettes, et je pense ici, d'une manière émue, à ma grand-mère, ils nous mettaient en garde contre ses pièges. « Si une personne laide te demande comment tu la trouves, réponds que tu la trouves belle. » C'est sur cet exemple tant de fois répété que j'aurais dû fonder ma philosophie de la vérité, à savoir qu'il faut donner à chacun ce qu'il attend. Mais d'un autre côté, feu mon père, lecteur de Jean-Jacques Rousseau, admirateur de L'Émile, me pressait d'être digne des grands orateurs républicains. On s'en doute, doté d'une telle éducation, j'eus des problèmes, y compris avec les femmes. Le jour où le miroir magique apprend à la méchante reine qu'elle n'est plus la belle des belles du royaume, la reine casse le miroir. A chaque fois que nous sommes « francs », « parlons loyalement », « révélons la vérité » à un demandeur, il nous voit, tel le miroir du conte, bon pour la casse.

Il est vrai que celui qui exige la vérité est un provocateur. Combien de parents demandent à leur enfant si celui-ci préfère son père ou sa mère, puis le tancent vertement d'avoir répondu l'un ou l'autre, et lui enseignent qu'il doit répondre « les deux ». Quand on ne veut pas savoir, on ne pose pas de questions. Mais cette boîte de Pandore de la vérité est trop attirante. Et les amoureux? Il ne leur suffit pas qu'on les quitte avec de vagues excuses, ils préfèrent souffrir en entendant : « je ne t'aime pas », « tu ne m'as jamais fait jouir ». « Ne cherchez pas à savoir », tel est le seul conseil à donner à tous les rejetés de l'amour et du travail.

Les exécrables années 70 nous ont laissé un fruit tentant mais, avec le temps, il est devenu une pourriture même pas noble. La franchise dans les rapports amoureux, conséquence logique de la funeste libération sexuelle, qui permit aux petits malins des succès supplémentaires et, aux timides, des échecs encore plus cinglants, a tourné le dos aux milliers d'années durant lesquelles le saint mensonge, la dissimulation constituaient la pierre d'achoppement de toute liaison durable. Je sais qu'il est difficile, pour une âme romantique, d'admettre le bien-fondé de la dissimulation amoureuse. L'amour en copains, la camaraderie dans le plaisir, cela existe aussi, mais entre guerriers d'une certaine trempe. Les libertins de Sade s'y risquent seulement dans le secret d'une folie. Aux couples ordinaires, et je n'entends pas par là qu'ils sont inférieurs, je conseillerai le moins d'initiative malheureuse possible. « Tout se dire » est un programme suicidaire si l'on songe vraiment à le mener aux conséquences ultimes. Funeste franchise qui vous fait révéler ce qu'on ne vous demandait pas! Sages sont les bourgeoises qui préfèrent « ne rien savoir »!

J'ai pris, petit à petit, l'habitude de mentir, et c'est extrêmement agréable. En mentant y compris par omission, je m'abstiens, je ne participe plus, je ne cherche plus à imposer mes vues, je *non-agis*. J'ai connu un jeune couple bien assorti, lui puceau la veille de son mariage, elle physiquement une génisse. Fait zoologique curieux, elle remplaçait le rire par le hennissement. Dans ma grande bonté, je les invitai à prendre un café chez moi. Ils arrivèrent, visitèrent et rendirent sentencieusement leur jugement : « Ton appartement est trop rangé. Cela prouve que tu n'es pas sensuel. » Je n'ai rien répondu. On se doute que ma langue est suffisamment bien pendue, et suffisamment fourchue pour répondre des vacheries, je sais être cruel et cinglant. Mais pourquoi blesser ces pauvres bougres, encore tout éblouis d'avoir réussi à se rencontrer, les yeux pas encore dessillés de leur nuit de noces, accouplement monstrueux d'espèces animales bâtardes? Je préfère éprouver la joie souveraine d'être pris pour une andouille par des crétins.

Mais quand je prône le mensonge, il ne s'agit que de ça. Je hais la dissimulation. Je ne cache pas mon programme. Je ne me dissimule pas derrière des « on a déformé ma pensée » ou, pis, des « vous m'avez mal lu », ce qui revient à dire « j'écris vraiment bien mal ». Si j'ai écrit ceci, alors c'est ceci qu'il faut lire. Si vous m'avez lu, vous m'avez compris.

Le pieux mensonge est infiniment éprouvant. Mentir durant des mois à un malade sur l'état de sa maladie, mentir à un père sur la virilité de son fils, à une mère sur la vertu de sa fille, aux deux sur la décadence de leur progéniture demande rigueur morale et maîtrise de soi. Chaque phrase est une chausse-trape, chaque nouveau mensonge fait déborder la fosse des confessions tues et il faut au menteur un véritable ordinateur à la place du cerveau, ou plutôt se servir normalement de son cerveau, à plein régime, pour ne pas se tromper, ne pas se couper.

La franchise apparaît comme un courage trompeur, une facilité, au contraire du mensonge, effort permanent.

Le mensonge possède son code. Quand l'écrivain chevronné rend sa copie au débutant en employant une litote, nous sommes dans le domaine du pieux mensonge. « Ce n'est pas mal » signifie : « Peut mieux faire » et « Ce n'est pas si mal », « Ce n'est pas totalement nul ». Quand l'ami nous montre la photo de sa femme, quêtant un compliment qui glorifie son choix, nous répondons : « elle est mignonne », pour ne pas dire « elle est quelconque ». Et quand nous lui disons : « Elle est très jolie femme », c'est encore par politesse, pour ne pas être tenté par « Je la baiserais bien ». Ainsi, « un gros cul » devient :

« d'agréables rondeurs », « un nez de travers », « un nez mutin », « un crétin » n'est affublé que de « quelques limites intellectuelles ». Au bout du compte, le mensonge milite pour la paix sociale, rogne les malentendus, évite les poussées d'adrénaline, et aussi, d'une manière élégante, *il fait* plaisir. Quand notre tour vient de recevoir le compliment menteur, nous ne sommes pas dupes, mais nous acceptons la flatterie car elle nous aide à vivre.

On nous a menti. On nous a menti et l'on nous ment encore en nous présentant le mensonge comme un défaut. On nous a dissimulé que la dissimulation était souvent la condition de la survie. Les vrais vertus sont des trésors bien dissimulés, elles impliquent le renoncement aux prétentions à paraître. Le courage, c'est de refuser d'être téméraire. Mais ce n'est pas simple. La frontière est incertaine. A tout moment, poussé par le vent de l'inconscience, notre bateau mal amarré peut se fracasser contre le quai.

Entre la presqu'île du courage et l'île déserte de la témérité, il n'existe qu'un lien, le bac de l'inconscience, qui effectue régulièrement ses besogneux allers-retours. D'aucuns proposent de supprimer le bac et de le remplacer par un pont autoroutier. Restons-en à la navette artisanale, à ses allées et venues réglées par l'état de la mer de l'imprudence.

3.

LA TREMPE

> *C'est la plus grande de toutes les faiblesses que de craindre de paraître faible.*
>
> BOSSUET

Régler les problèmes entre hommes est le classique euphémisme pour désigner les sordides bagarres qui remplacent les discussions franches. L'existence est ainsi faite, ainsi programmée, que de nombreux passages obligatoires reproduisent les conditions de vie de notre cher homme des cavernes. L'aiguillon de la rivalité pousse enfants, écoliers et soldats à se mesurer pour une fille ou la gloire, pour l'affirmation de sa force, ou, c'est encore pis, pour le plaisir. Ce qui se « passera à la récré » est le châtiment promis au bon élève qui n'a pas voulu prêter son devoir de mathématiques. Mais la récré, heureusement, se déroule parfois sous le regard protecteur d'un pion attentif, voire d'un professeur pour qui l'éducation ne consiste pas à fermer les yeux devant la salauderie des gosses. L'honnête éducateur, en intervenant énergiquement pour séparer les combattants, sait trop bien les risques qu'il encourt. Pour peu que ses supérieurs s'intéressent au pugilat, il lui faudra déterminer les responsabilités — « c'est lui qui a commencé, m'sieur ! » —, essuyer les reproches des pères et des mères, qui admettent très bien que leur rejeton tapât sur les autres, mais s'horrifient à la pensée que les autres se rebifassent. On comprend d'autant mieux, mais sans l'approuver, pourquoi tant d'éducateurs tournent le dos pendant qu'on égorge les brebis. Ce qui est valable pour l'école le sera pour le scoutisme, l'armée, la prison.

J'admire l'Angleterre, sa littérature, son cinéma et sa peinture, la force de son ancien Empire, son humour, son chic et son bon ton, mais je ne pardonnerai jamais à ses fils d'avoir inventé le sport et le scoutisme. Il y a, dans ce goût pour l'embrigadement, la volonté manifeste de ne pas laisser l'individu tranquille, de l'occuper afin que ses pensées ne glissent pas vers des théories subversives, qui rappellent et anticipent sur les droits et les devoirs d'un État totalitaire.

L'enfant, par ses lectures, ses croyances à peine entamées puisqu'à peine formées, est un producteur et un consommateur de rêves, d'imaginaire. Et c'est le moment qu'« ils » choisissent pour l'en détourner, par cette effroyable duperie d'une âme saine dans un corps sain.

Notre âme nous sert, nous arme, nous propulse vers d'autres rivages, d'autres confins métaphysiques, non seulement dans la mesure où elle est peuplée d'effroyables démons, de redoutables dragons avides de nous déchirer, de nous broyer, et de nous avaler, mais plus encore par la douce terreur qu'ils nous inspirent. Ils poussent à bout nos raisonnements, nos introspections, le plus près possible de nous-mêmes, du soi. Les crises nous tombent dessus, périodiquement, comme des cyclones, mais tels les habitants de ces îles sinistrées qui doivent continuer à y vivre, nous ne changeons pas de place, conscients qu'elles sont notre lot et notre destin. A dire cela, j'éprouve une colère rentrée contre les sanitaires de l'âme.

Quant au corps sain, c'est une idée encore plus étrange. Comment notre corps nous laisserait-il en paix alors que l'âme travaille et produit? Je parle du corps, réceptacle des passions et de l'irrationnel. Comment ne pas admettre que cette merveilleuse machine est justement à notre service pour que nous la poussions à bout? N'est-elle pas abondamment pourvue de signaux de sécurité? Les migraines, les douleurs aux côtés, les assoupissements d'après-midi sont les bienvenus puisqu'ils nous indiquent, dans le langage approprié, le moment venu de souffler un peu.

Bon gré mal gré, il faut, un jour ou l'autre, passer

sous les fourches caudines de la bagarre. Devant témoins, bien entendu. Sans spectateurs, la rixe perd une grande partie de son charme.

Je n'ai aucune souvenance des raisons qui me poussèrent à me prendre de bec avec un autre. J'ai oublié les raisons mais non pas le combat. Instructif, n'est-ce pas? Ce n'est nullement pour asseoir son opinion et sa raison que l'on se bat, mais entraîné, poussé par des logiques subtiles, diaboliques, des pièges qui se referment, des nasses qui retiennent. Autant l'avouer, je n'avais pas la moindre envie de me battre. Mon adversaire me dépassait d'une tête, il était un peu plus vieux que moi et, à ces âges, trois ans, ça compte. Et puis surtout, comme je pus le constater, après l'avoir entendu claironner, il avait pratiqué la boxe. L'anglaise seulement, il est vrai, cela m'évitait tout de même les coups de pied.

La situation était éminemment marquée par le psychologisme sommaire des groupes de jeunes gens. A aucun moment, il ne fut question de débattre du différend qui nous opposait, ou de recourir à l'arbitrage d'un sage. Je crois me souvenir que mon adversaire n'était pas très sympathique aux spectateurs, que j'étais encouragé par la majorité d'entre eux, mais cela n'y fit rien, n'eut aucun effet sur le cours des événements.

A ce moment de mon récit, je dois encore enfoncer le clou et faire dûment constater à mon lecteur que la sympathie du public est impuissante à changer la conjoncture. Cette sympathie pouvait m'être refusée en un instant, et changée en mépris si, pour rester dans les termes du pugilat, j'avais jeté l'éponge. Réminiscence des jugements de Dieu, j'étais condamné à me battre, encouragé par mes supporteurs.

Je compris assez vite la différence entre un combattant d'occasion et un combattant quelque peu entraîné. Pour décrire la situation, je ne vois pas d'autre solution que de recourir aux poncifs. Je n'eus pas le temps de me mettre en garde, je fus touché à la mâchoire, plusieurs fois, je sentis le sol se dérober sous mes pas et, bien sûr, je vis trente-six chandelles.

J'étais à terre, sur un sol de bitume, bien décidé à cesser, mais en relevant la tête, je croisai le sourire cruel de l'autre et l'insupportable spirale de l'honneur m'obligea à me relever. Cette fois, je me protégeai mieux, le touchai à l'épaule, mais il jouait au chat et à la souris et je repartis en arrière, à nouveau sur le sol.

Les spectateurs devinrent acteurs et nous pressèrent de renoncer à un combat qui, selon leur amusante et tardive expression, « ne prouvait rien ». Il cessa donc, enfin.

Voilà ce que la versatilité du public me réserva. Refusant de me battre, j'étais répertorié chez les couards. Battu par plus fort que moi, je devenais un héros. J'avais osé me battre contre ce « salaud », cette « grande brute » qui « profite honteusement de sa force », je me contente de colliger les expressions qui fleurirent. On me releva, me tapa fraternellement dans le dos, me paya un coup, m'offrit une cigarette.

Pendant ce temps, le vainqueur, seul ou plutôt esseulé, cherchait autour de lui des signes d'admiration pour son triomphe, sans rencontrer autre chose que des regards de mépris. Brusquement, conscient d'être de trop, il se coiffa d'un geste rageur et sortit à l'avant-scène. Cela me donne l'idée d'un petit essai dans l'essai que j'intitule :

BONHEUR AUX VAINCUS!

« Malheur aux vaincus » est une sentence qui ne contient pas plus de vérité que « qui perd gagne ». Peut-être même qu'elle en contient moins. Nous raffolons des perdants, sans doute parce qu'ils sont plus nombreux, mais aussi parce que la défaite possède le trouble de la chute. La plus belle place de Paris, la place de l'Étoile, irradie l'épopée napoléonienne autour d'elle en alternant noms de victoires et patronymes militaires. On y trouve même une avenue de la Grande-Armée, pourtant sévèrement étrillée en Espagne et battue, que dis-je, liquéfiée en Russie. Et le boulevard des Maréchaux qui ceint Paris, ainsi nommé parce qu'à la suite les uns des autres, figurent dix-neuf maréchaux de l'Empire, n'est-ce pas là le cortège des vaincus, des traîtres qui lâchèrent Napoléon, quitte pour certains à recoller à son char pendant les Cent-Jours?

Par chance, mes premiers contacts avec l'histoire de France ont eu lieu alors que l'Éducation nationale ne s'était pas encore laissé submerger par la nouvelle histoire et les désormais célèbres « rapports de production ». On trouvait encore, à cette époque, des manuels dont la chronologie ne se dissimulait pas honteusement derrière les descriptions exaltantes de la culture du manioc dans le Haut-Niger. Il y avait même – mais ce scandale ne pouvait durer – des résumés *à apprendre par cœur,* en caractères gras, s'il vous plaît. De plus, c'était illustré! Et attention, illustré par de véritables dessinateurs, formés aux Beaux-Arts. C'était aussi l'époque où le *Petit Larousse* offrait aux potaches la possibilité de découvrir l'anatomie féminine en proposant, dans ses pages artistiques, des reproductions de tableaux, classiques ou pompiers, remplis de femmes à poils, et aussi, il en faut pour tous les goûts, de guerriers grecs ayant l'idée saugrenue de porter un paletot sur leurs épaules, mais rien sur leurs derrières.

La première image exaltante du livre – je passe sur les vues générales des cités lacustres – c'était Vercingétorix se rendant à César devant Alésia. Vercingétorix était superbe, il avait tout pour plaire. Une chevelure ondoyante, des moustaches généreuses – Gaule oblige –, un cheval fougueux et surtout, bien croqué par l'artiste, un port altier, une attitude souveraine.

En face, César faisait grise mine. Cet avorton se recroquevillait sur son siège. Il avait bien compris le sens de la manœuvre. Vercingétorix, en se rendant, lui compliquait la vie. C'est bien digne d'un Gaulois, pensait-il, même pas fichu de mourir anonymement d'un coup de massue ou le cou transpercé par une flèche. Si César avait eu du cran, il aurait ordonné immédiatement à ses soldats d'occire le bel Arverne. Mais non, il a emmené le vaincu à Rome puis, ne sachant qu'en faire, il s'est décidé à se débarrasser de lui, mais trop tard, le mythe était né.

La gloire des vaincus a continué. Jeanne d'Arc a eu la délicate attention de se laisser prendre devant Paris. Sans cette prise, pas de procès, et sans procès pas de martyre. Et sans martyre, pas de films pour Dreyer et Bresson!

Le seul chef d'État français à qui l'on n'a pas pardonné ses défaites − cela me navre − est Napoléon III. Le brave homme a préféré capituler à Sedan pour épargner la vie de ses soldats. Pour couronner le tout, il est mort de maladie, en terre anglaise où, à la différence de son oncle, il n'était pas prisonnier. Pourtant, quel beau vaincu que notre Napoléon III! C'est sous son règne, durant la campagne du Mexique, que la Légion étrangère trouva enfin le prétexte à fêter son courage, à Camerone, un lieu-dit où l'un de ses détachements se fit hacher menu par les Mexicains. Depuis, le jour de Camerone est célébré par la Légion.

Ce qui plaît beaucoup, c'est le petit fortin assiégé, opposant une défense « opiniâtre », « acharnée », puis « désespérée » à un ennemi « supérieur en nombre » ou à « l'écrasante supériorité numérique ». Chaque pays en possède une demi-douzaine dans ses tiroirs. Qui ne connaît ce superbe tableau d'Alphonse de Neuville, *Les dernières cartouches* (encore que *Le cimetière de Saint-Privat* ne soit pas mal non plus)? Manifestement, le peintre jubile à conter l'épopée de la défaite. Sans munitions, les soldats semblent désœuvrés, un peu indifférents, mais jamais il ne passe dans leurs regards autre chose que de la grandeur d'âme.

De Napoléon III passons à la Commune. Des crétins incultes (il y en a de cultivés) continuent de rendre l'Empereur responsable de la semaine sanglante. Se sont tout de même glissés entre les deux les républicains issus du coup d'État du 4 septembre...

Les Communards, ce sont mes bons vaincus. Ils ne sont pas montés à l'assaut du ciel, comme le crut Marx, ils ne sont montés qu'à l'assaut du mont Valérien, et bien mal leur a pris, car ils ont récolté une belle rouste. Leur programme social ferait rougir de pusillanimité n'importe quel candidat à la mairie de Paris. Mais les Communards sont parisiens et c'est à ce titre que je les aime. Au service de leur ville, ils ont accepté, bernés par les républicains, de bouffer du rat et de crever de froid sur les remparts, d'offrir leurs poitrines à la mitraille prussienne du côté de Buzenval et Champigny et, bien sûr, de payer pour des canons qu'ils n'utilisèrent pas.

La guerre d'aujourd'hui, c'est la rencontre sportive internationale. Là, nous nous en donnons à cœur joie. Nous avons été battus, oui, mais nous avons « fourni le plus beau jeu » et sans « ce penalty injustement accordé par l'arbitre » (aux autres) ou « ce penalty injustement refusé par l'arbitre » (aux nôtres), le match « pouvait basculer ». D'ailleurs, si les nations se forment dans l'adversité, pourquoi pas les équipes de football?

La litanie du *vainqueur moral* est particulièrement instructive. Si le vainqueur moral ne l'est pas effectivement, c'est pour toute une série de raisons qui tiennent bien souvent du complot. En bloc, se sont ligués contre notre représentation nationale : la météo, le changement de fuseaux horaires, le genou de Machin et la cheville de Chose, la proximité des vacances, l'arbitre moldo-valaque – chacun sait que les Moldo-Valaques ont un compte à régler avec nous – raisons, je m'empresse de le noter, qui nous sont exclusives. Nos adversaires sont toujours ravis qu'il pleuve, fous de joie de changer d'hémisphère, éperdus de reconnaissance envers l'arbitre.

Enfoncerai-je un clou en rappelant les exploits d'un grand pédaleur? Poulidor n'était pas seulement

« l'éternel second », il était aussi « 17ᵉ de Paris-Roubaix, mais premier des Français ».

Poulidor, c'était Jeanne d'Arc, Gambetta, Clemenceau. La saga poulidorienne se déroula sous quatre septennats. Il ne se droguait pas, ne visant que la première place du tour de France, ne revendiquant jamais un tour étranger, au contraire de ces mêmes étrangers qui viennent gagner le nôtre.

« La femme est au vainqueur. » A voir. Poulidor était marié, certainement fidèle. La question est : le vainqueur intéresse-t-il vraiment les femmes ? Il me semble plus rentrer dans les cordes consolatrices de la femme d'aller au vaincu, au battu, meurtri, qu'on va bichonner et materner. Je ne dis pas que les femmes refusent l'homme de pouvoir, mais un tel homme est souvent un homme de l'ombre, ou pour le moins un besogneux tenace. Le vainqueur n'ignore pas la fugacité de son exploit et sait bien qu'il doit profiter de cette gloire soudaine car elle ne durera pas, elle n'est pas faite pour durer. Le drame du vainqueur, c'est que son accession lui impose de nouveaux devoirs qu'il ne soupçonnait pas, auxquels il n'était pas préparé. Il n'a jamais été aussi près de la chute. Il doit gérer.

Le vaincu a tout son temps pour réfléchir. Son programme était bon, mais il n'a pas choisi la bonne voie. Le Japon se lança dans la guerre avec sur son drapeau cette espérance : « Une sphère de coprospérité en Asie du Sud-Est. » Il récolta deux bombes atomiques, sans compter les incendiaires. Son programme est aujourd'hui appliqué, mais le vaincu a remplacé les armes par les chaînes stéréo. Je ne suis pas sûr qu'on ait gagné au change.

Il n'est pas jusqu'à mes chers Communards qui surent conserver près d'un siècle l'esprit révolutionnaire parisien que Thiers n'avait su éradiquer. Il fallut la rénovation urbaine — doux euphémisme pour désigner le saccage d'une ville — pour y parvenir. Pompidou, en couvrant de son autorité morale les méfaits des architectes, remporta la victoire décisive qui avait échappé aux soldats de Galliffet. En douceur, toujours en douceur...

Pourquoi ne pas avouer crûment que les coups font mal et que la douleur est une sensation particulièrement désagréable? On m'objectera le cas des masochistes. L'argument ne tient pas. Semblable au fou qui se donne des coups de marteau sur la tête parce que « ça fait tellement de bien quand ça s'arrête », le masochiste ne recherche pas la douleur pour elle-même, mais la douleur, voie tortueuse vers le plaisir apaisant. Que l'on aime ou pas la douleur, le résultat est identique, ça fait mal. Elle ne nous apporte aucune élévation morale, spirituelle. Elle nous rapproche peut-être de Dieu, puisque, en ces moments où l'on se tord, la pensée la plus courante est de souhaiter mourir, mais elle ne nous ouvre aucune fenêtre de lucidité. Ça se saurait. Interrogez les rescapés d'une souffrance atroce. A quoi songeaient-ils en endurant des fers rouges et des brodequins? A la précarité de la condition humaine? A l'épreuve qui ferait d'eux des individus plus forts? Par la suite, sortis d'affaire, oui, ces propositions sont possibles, mais sur le moment, une pensée, une seule, submerge tout, qui se résume en une injonction pressante : ASSEZ! Quant à savoir à qui on l'adresse, Dieu, le grand architecte de l'Univers ou de ces autres aimables plaisantins, il me semble beaucoup plus sûrement acquis que cette supplique se destine au médecin.

Mademoiselle qui allez me piquer dans la fesse, ou me prendre mon sang, je tiens à vous avertir que je suis extrêmement douillet. Non, ne souriez pas en disant : « Ah, ces hommes... » Quel intérêt gagnerais-je à surmonter la douleur? Quelle satisfaction de crâner devant la dame en blanc par cette phrase volontaire : « Allez-y, je n'ai pas peur? » Soyez très attentionnée, je supporte tout sauf la douleur, j'ai même horreur de ça. Un poète – que je suis bien obligé de considérer comme un très grand – commit l'impardonnable mauvais goût d'écrire un poème à la gloire d'un de ses camarades de jeux, mort en « chantant dans les supplices ». Mon mauvais esprit m'oblige à demander : « Et que chantait-il? » Oui, Louis, que chantait-il, celui qui ne croyait pas au pacte germano-soviétique, et sur les conditions d'arrestation duquel les plus folles hypothèses s'échafaudent encore? Mais je digresse, je digresse...

Penser à autre chose, prévenir avant de crier, prendre sur soi. Voilà quelques-uns des lieux communs que certains nous lancent pour préserver leur confort. Il est devenu d'usage aujourd'hui de critiquer le christianisme, et même le judéo-christianisme. Cette touchante unanimité ne laisse pas de me rendre suspects ceux qui s'y prêtent. Et devant ce feu de salve contre une ambulance, j'ai envie de prendre en sympathie jusqu'au curé intégriste. Je constate pourtant que ce sont des médecins chrétiens qui refusent les drogues apaisantes de peur de précipiter la fin. Après tout, une religion qui repose sur ce postulat indigne, un père offrant son fils aux supplicieurs, une religion qui raffole dans ses mises en scène, de flagellants et de pénitences, doit quand même avoir sa très infime part de responsabilité.

Il y a bien longtemps, quand je n'étais encore qu'un androgyne, je fus séparé de mon double féminin dans une immense et profonde douleur. Cette souffrance ne fut pas que physique, et les interrogations de mon esprit me rappellent sans cesse que je suis toujours à la recherche de ma jumelle. Cette déchirure permanente est pourtant l'adjuvant de mes ambitions. La douleur, pont jeté vers la lumière, est le premier de tous les rites initiatiques, qu'ils soient réels ou symboliques, et tous les récipiendaires l'admettent. Aujourd'hui, où même nos chers Peaux-

LA TREMPE

Rouges ne s'infligent plus ces épreuves, les masochistes se révèlent les plus religieux d'entre nous. En se donnant mille morts inutiles, ils tentent de retrouver ce moment perdu, ils tentent de le revivre.

Il existe une autre sorte de masochistes, les sportifs, les consommateurs du risque, descendants abâtardis des initiés opérationnels. Ils ne recueillent que les épines d'une tradition perdue.

Dans le haut du tableau, membres brisés, corps calcinés, thorax défoncés, traumatismes crâniens, brûlures graves, errances sans fin dans des déserts de soif, disparitions sans témoins dans des mers peuplées de requins farceurs. Dans le bas du tableau : foulures, fractures, fêlures, luxations, hématomes et pourquoi tout cela, je vous le demande? Pour quelques méprisables instants de satisfaction, pour se prouver des choses à soi-même que le soi n'exigeait pas, pour se plier aux règles des modes, pour briller devant des femelles.

Je songe parfois, avec une perplexité nuancée d'amusement, aux innombrables pièges quotidiens et annuels enterrés sur la route hasardeuse des amateurs d'exercice. Imaginons sans peine la journée d'un sportif. Le lever est en lui-même un pensum puisque le conditionné se doit de trouver ça agréable. C'est un optimiste, il applique scrupuleusement les conclusions des *tests* lus dans les magazines. Il sera un positif. Il pleut? Ce n'est pas grave. Il neige? On en rit. Il fait beau? Mais

n'est-ce pas le signe avant-coureur d'une grande
journée? Le petit déjeuner est sain, équilibré, éner-
gétique. Les flocons d'avoine en constituent généralement la base. Quand on songe que, dans certains pays, ils en sont encore à la saucisse grillée.
Foin des toxines! Du lait allégé, préparé à l'eau
minérale. Puis, direction la douche.

La tenue de combat est revêtue, les tennis enfilés,
le voilà dans la rue. C'est ma foi regrettable, mais
la ville appartient aux voitures, et tous les quartiers
piétonniers n'y pourront rien. Doit-il traverser une
artère? Le voilà stoppé dans son élan, contraint de
pratiquer un disgracieux surplace. Croit-il pouvoir
s'élancer après le passage d'un camion? Ce dernier
masquait une voiture aux reprises nerveuses qui
pratique la chasse aux piétons. La rencontre des os
humains, à peine protégés par un léger rembourrage
de chair, et des pare-chocs est heureusement évitée.
Mais un danger plus grand guette le *jogger*, un
danger qui guette également chaque piéton, il ne
s'agit pas de la peau de banane, cas plus rare qu'on
ne le prétend – après tout, nous ne sommes entourés
que de platanes –, mais de la terrifiante crotte de
chien. Au pas, c'est un danger, au trot, un casse-
gueule. C'est aux crottes de chien qu'on doit ce
bruit si pittoresque des grandes cités : le choc du col
du fémur contre le bitume, le craquement sec des
bassins contre les trottoirs.

Pendant ce temps, le faible, qui s'est levé en

LA TREMPE

ronchonnant, qui s'est bien préservé d'une ablution trop violente, avale un infâme *Robusta,* émerge lentement, les jambes allongées, à la terrasse d'un café. Un peu trop allongées, les jambes, puisque le *crossman* s'y prend les siennes. Patatras! On peut échapper aux voitures et aux crottes de chien, mais pas éternellement à son destin. C'est le menton qui a porté, la mâchoire est déboîtée, ça fait horriblement mal. Le sportif hurle. Le faible, évidemment, s'éclipse lâchement bien qu'il ait récemment contracté une assurance de responsabilité civile.

Poursuivons. Un rebouteux replace la mâchoire. Le sportif en est quitte pour se droguer d'analgésiques. Il remonte chez lui, prend une douche, s'habille. Allons, la journée ne s'annonce pas sous de trop mauvais augures. Il ne s'est rien cassé, n'a pas attrapé la crève en courant mécaniquement sous la pluie. Direction le lieu de travail, mais à vélo, bien sûr. Dans Paris, chaque voiture est l'ennemi potentiel du cycliste. On a parfois l'impression que l'automobile est un animal facétieux dont la joie la plus simple consiste à couper les trajectoires des deux roues, et à manifester son contentement en agitant les oreilles – les portières –, ce qui a souvent pour effet de projeter le deux-roues contre un autre petit animal qui arrive, lui, en sens inverse.

Le faible, de son côté, prend le métro. Il est serré, certes, mais les voyous, loubards et autres profiteurs ne dévalisant jamais les voyageurs aux heures d'affluence, il se sent bien protégé dans le cocon douillet des transports en commun.

C'est la coupure de midi, qui a lieu généralement vers treize heures. Pendant que le faible décline toute participation à une réunion syndicale, le sportif n'a que le temps de se précipiter sur un court. Il rentre, épuisé, pour dormir pendant la réunion de direction. Mais la journée n'est pas finie. Il est encore possible de nager, de *squasher,* de pratiquer un sport d'équipe. Les sports d'équipe! Rien que cette expression me rappelle d'horribles souvenirs de jeunesse.

Mon pauvre papa – paix à son âme – vivait dans l'angoisse de voir son fils, je cite ses propres termes : « devenir pédé ». Je tiens à affirmer que rien, ni dans mes goûts, ni dans mon comportement ne laissait prévoir une telle éventualité. Pour me changer quand même les idées, par l'affirmation de ma virilité, il m'inscrivit chez les scouts, plus exactement chez les éclaireurs de France, car il était laïque. Ce que mon papa ne pouvait prévoir, c'est que sous la tente, il n'y eut pas d'extinction des feux sans que le chef de patrouille nous roulât un humide patin. Honnêtement, cela ne me plaisait pas du tout, mais après tout, c'était un exercice passif, il suffisait de fermer les yeux. Tandis que les marches, les corvées, le supplice des nœuds, les rites fascinants, les épouvantables veillées où chacun devait chanter des âneries et se montrer *boute-en-train,* et surtout cette volonté de ne jamais laisser l'individu en repos, qui préfigure étrangement le communisme, achevèrent de me dégoûter à jamais de l'enseignement de Baden-Powell.

Sans rien avouer — à l'instar d'une femme violée, j'en eusse conçu de la honte — je réussis à convaincre ma famille de la nocivité du scoutisme sur mes aspirations profondes. Libéraux, mes parents demandèrent quelles étaient ces aspirations. C'était simple : je voulais aller au cinéma. Ma mère vit bien où je voulais en venir. Elle me répondit, excédée : « Le cinéma, une fois par semaine, d'accord, mais toi, si on t'écoutait, tu irais tout le temps. » Oui, s'ils m'avaient laissé faire, j'y serais allé tout le temps. Je suis d'ailleurs parvenu, l'adolescence arrivant, à m'y rendre sans arrêt.

Mon père ne s'avoua pas vaincu. Les salles obscures, c'est connu, et surtout le jeudi après-midi, regorgent de vieillards pédophiles. Je fus dirigé vers le rugby. Certes, le rugby est un peu moins violent que la boxe thaïlandaise, mais tout de même! Avez-vous déjà reçu l'effectif d'une mêlée sur vous? Moi si! Et puis, sans être franchement pédés, les rugbymen ne sont pas mal non plus. La joyeuse fraternité virile qui règne dans les douches permettait à certains de pratiquer allégrement la TCH [1].

Je tins une saison et demie. Un après-midi d'hiver, le stade Charlety nous fut interdit pour cause de neige sur les pelouses et il nous fut conseillé de

---

1. TCH : Torsion de couilles à la hussarde.

rentrer chez nous. J'effectuai un détour par la rue de la Gaîté. On projetait *Le Jugement des flèches* de Samuel Fuller, au Gaîté-Palace. De ce jour, je ne pratiquai plus jamais un sport d'équipe [1].

Jusqu'à ma majorité, je dus finasser pour échapper aux diverses entreprises de gymnastique. Ce n'est pas à l'armée que j'y échappai le plus difficilement, mais à l'école. Les profs de gym sont des crapules, toujours prêtes à se moquer du faible, à provoquer le rejet du gros, à martyriser les obèses. J'appris à nager — il s'agit de survie —, mais la seule fois où je voulus montrer à un condisciple comment plonger, je m'ouvris le crâne, ce qui nécessita la pose d'au moins un point de suture. Depuis, quand j'accepte de passer des vacances en compagnie, je refuse systématiquement toute proposition de jeu. Un simple volant de badminton peut vous pocher l'œil, l'élastique d'un jokari cingler une cuisse. Je ne veux rien dire des planches à voile, je refuse même d'y penser. Une fois, une seule fois, j'ai essayé d'en renverser une en l'éperonnant avec mon pédalo. Le concert de protestations des plagistes m'a ôté l'envie de recommencer. Ça m'apprendra à vouloir me battre!

Quand j'écoute, d'une oreille distraite, les informations quotidiennes, je me prends parfois de sym-

---

[1]. Soyons honnêtes. En pratiquant le rugby, j'appris ses règles et je compris son esprit. C'est le seul sport que je regarde à la télévision.

pathie pour les sportifs, disons, traditionnels, footballeurs, boxeurs et cyclistes, par opposition à ces nouveaux sportifs que sont les véliplanchistes, navigateurs en solitaire, pilotes de rallyes et autres deltaplanistes. L'effort solitaire devrait chatouiller mon individualisme, mais tout compte fait, je trouve que les gentils abrutis qui montent sur un ring ont au moins l'excuse de la promotion sociale. Il n'en est pas de même avec les solitaires dont l'activité nécessite des investissements considérables. J'ai bien en commun avec les navigateurs l'exercice de la branlette, mais ça ne suffit pas à me les rendre sympathiques. Voici pourquoi.

Le phénomène de mimétisme est incomparablement plus étendu avec les sportifs de la seconde fournée. Les CRS, par exemple, sont fatigués d'aller repêcher des véliplanchistes égarés. Quant aux sociétés de sauvetage en mer, elles s'avouent maintenant débordées par les irresponsabilités endémiques des navigateurs de plaisance. Pas une fin de semaine sans qu'on dénombre, dans un seul pays, des égarés en mer, en montagne, dans le désert. Bien entendu, les amateurs n'attirent pas le journaliste, mais que le fils Duchnock s'engage dans le Paris-Dakar et c'est l'émeute médiatique. Or, il ne faut pas jouer avec le danger. Dans ce genre d'épreuves, il y a des professionnels et des amateurs. Chez les professionnels, nous trouvons aussi bien les sauveteurs que les habitués du volant. Premier détail, les uns sont moins bien payés que les autres. Second détail, les amateurs sont la plaie, la grand-mère qu'on trimballe, le chien qu'on abandonne au seuil des vacances. Dès lors, il convient de ne verser aucune larme sur les morts et les éclopés. C'est d'ailleurs un hommage à leur rendre. Personne ne les a obligés. Ils sont venus, ils ont perdu, la belle affaire. Ils l'ont cherché. Les questions sociales m'intéressent fort peu, mais tout de même, l'accident du travail, la main broyée par une machine, le crâne scalpé par une lame, la chute du maçon dans le vide méritent un autre respect. En règle générale, ce n'est pas pour le plaisir que le jeune prolétaire loue sa force de travail près d'un four Martin.

Le lundi matin, les médecins se frottent les mains. Tous les sportifs amateurs du dimanche s'entassent dans les salles d'attente. D'un coup d'œil, le docteur d'expérience jauge la blessure et en déduit l'activité. Ce n'est pas un médecin qu'il faut aux sportifs amateurs, mais un psychiatre. Ils ont été victimes d'un lavage de cerveau. Il suffit qu'un *Big Brother* de la télévision reçoive, interroge, un de ces conquérants de l'inutile, pour que les téléspectateurs se sentent brusquement englués dans la mélasse de la mauvaise conscience. Bon sang, se dit notre casanier, j'ai du ventre, je ne quitte plus mes pantoufles. Et puis les femmes veulent des beaux mecs, bronzés, musclés. Notons que la publicité a sa part de responsabilité. En bonne logique, il n'est guère besoin d'être sportif pour utiliser une mousse à raser. Mais non, celui qui se rase doit impérativement s'exécuter sur une planche à surf. Fermons la parenthèse.

Le pauvre homme croit déceler dans le regard du présentateur une interrogation, pis, un ordre! *I want you for the sport!* Engagez-vous, rengagez-vous dans la grande armée de l'exercice physique. Le lendemain soir, il se précipitera dans un magasin d'articles de sport, louera un bout de synthétique frauduleusement dénommé gazon et se trouvera toutes les bonnes raisons de se fatiguer inutilement. Nous tenons là un exemple de crime parfait. Des jeunes femmes entortillent leurs quadragénaires de maris qui se croient obligés (si je ne maigris pas, je serai cocu) de courir. Trois ou quatre tours de quartier et c'est la crise cardiaque. Authentique!

Rien ni personne ne peut nous obliger à traverser un désert ou une mer démontée. L'embonpoint est tout aussi honorable que le coquart. Ce n'est pas une gloire d'attraper une tendinite, bien au contraire, cela prouve tout simplement qu'on se connaît mal, qu'on a tenu stupidement à connaître ses limites physiques. Ses limites, c'est la boîte de Pandore. Il est hautement préférable de ne pas toucher au couvercle.

Au fond, l'engagement est affaire de choix économique. Je préfère enrichir les vignerons que les fabricants d'articles de sport.

Il y a confusion sur le mot amateur, confusion

préjudiciable due en grande partie à la place exorbitante qu'occupe le football professionnel dans nos cités. L'amateur est celui qui n'est pas encore professionnel, qui cherche souvent à le devenir en rêvant à la gloire et à la situation que procure le sport rétribué, refuge des prolétaires en mal de rupture de classe.

L'amateur est aussi le fumiste — je ne parle pas du ramoneur —, le faux plombier qui, sous le prétexte de vous coûter moins cher, détruit de manière exemplaire une installation encore durable.

Autrefois, dans ce cher autrefois où se matérialisent tous nos âges d'or, l'amateur se contentait d'aimer les arts sans les pratiquer, voire de les subventionner. Il était, et demeure, la personne qui éprouve un goût pareil à nul autre pour une discipline artistique. L'amateur s'instruit de son goût, en connaît l'histoire, voire les règles, souvent mieux que le pratiquant. L'amateur est incapable de s'atteler à une œuvre, ou tout simplement ne le désire pas. Les œuvres qui l'inspirent suffisent à son éducation, deviennent le tuteur de sa vie, une vie parallèle, un refuge, une protection contre le labeur quotidien, pourtant utile à la reproduction du pécule qui lui permet de se livrer à son admiration quotidienne.

Moins élégant que le terme français, le terme anglais *hobby* désigne le dada quelque peu névrotique, mais sympathique des doux dingues collectionneurs de porte-clés, transformant leurs logements en gare de triage, etc. Tous ces gens bénéficient de ma tendresse sans cesse renouvelée. J'ai connu une jeune femme, d'un milieu populaire, qui s'éclairait intérieurement et devenait passionnante quand elle me parlait de sa collection d'emballages de fromage. La première fois qu'elle m'avoua être tyrosémiophile, je crus d'abord utile de lui demander si je devais subir des examens cliniques. Mais en connaissant son hobby d'amateur, j'appris beaucoup de choses passionnantes sur l'esthétique, et sur les changements sociologiques de mon pays, à travers le miroir à peine déformant de la vignette de camembert. Ainsi, j'appris que la mise en vente d'un camembert de marque *Spoutnik* avait suivi l'envoi dans l'espace du premier satellite. Vous remarquerez qu'il n'existe pas plus aujourd'hui de Munster *Ariane* que de Brie *Soyouz*. La preuve est ainsi apportée que nous nous sommes habitués à l'exploration spatiale et que la première fièvre de curiosité passée, nous ne nous enthousiasmons plus.

L'amateur possède une autre qualité. Par ricochet, il met en valeur le professionnel. Si je m'escrime à vous confier mes peurs, mes faiblesses et mes petites lâchetés, ce n'est pas sans songer à me protéger. Je ne me bats pas, certes, mais j'aime à voir un dur prendre une volée. Je ne m'organise pas en milice, mais il me plaît que les voyous soient rossés. Or, ce plaisir m'est permis par l'intermédiaire de professionnels, légaux, payés pour ça. Il est maintenant admis que nous n'avons pas à nous gausser des immigrés qui vident nos poubelles. Mais alors, pourquoi devrions-nous adopter une attitude plus critique vis-à-vis de la Légion étrangère qui vide les poubelles de l'Empire ? Pourquoi faudrait-il critiquer la police, laquelle, selon la belle expression de Georges Darien à propos de son héros Georges Randall [1] : « fait un sale métier, mais a une excuse, le fait salement » ? Outre les pompiers, unanimement appréciés — il est vrai que leurs bavures sont rares — il existe toute une série de corps d'élite qui nous procure le frisson du courage, du danger, par procuration.

Les fenêtres de mon bureau donnent sur un carrefour très fréquenté et les automobilistes n'y respectent pas toujours les feux de signalisation. De temps à autre, des bruits sourds de choc m'avertissent que deux voitures se sont télescopées, ou pis, qu'un de ces monstres a renversé un quidam. Je reste toujours fasciné d'admiration devant la rapidité des secours. Police, Samu, pompiers ont tôt fait de fondre sur leur objectif. Je me suis intéressé une fois à chronométrer la durée de l'opération. Il est vrai que l'accident avait lieu sous les yeux de deux policiers. De l'instant du choc au départ pour l'hôpital, il ne s'est pas écoulé dix minutes. Je ne trouve qu'un mot pour exprimer

---

1. In *Le voleur.*

ce que je ressens devant la rapidité et le professionnalisme des secours : émouvant. Sauf catastrophe, guerre, pollution, nous ne risquons plus grand-chose tant est efficace la machinerie qui se met instantanément en place.

  A quelque deux cents mètres de chez moi, habite un fonctionnaire de police, hautement qualifié, membre exclusif d'un groupe à haut risque. Ce jeune homme, extrêmement sympathique et présenté par des amis communs, est ma plus grande sécurité. Savoir qu'à deux pas réside un professionnel me réconforte et m'apaise. Avec ça, plein d'attentions délicates, ce garçon, il ne vient jamais boire un verre sans son 357 Magnum et, lorsque nous revenons un peu éméchés de chez ces amis communs, il ne manque pas de mettre la sirène, non pas tant pour nous que pour ceux d'en face. Avec ce petit morceau d'État à mes côtés, je me sens bien, rassuré, tranquille.

  Oui, les professionnels du risque sont là pour nous. Pourquoi acheter une 22 long rifle quand les vigiles du plateau d'Albion veillent sur nous? Quand la Légion s'apprête à défendre les ponts sur l'Elbe?

  — I know you're thinkin'. Do I shot five or six bullets? But this is a fourty-four magnum, the most powerful hand-gun in the world and it can blow your

head clean off [1], prévient le détective Harry Callahan, et le loubard admet sa défaite.

Jadis, nous nous rendions heureux au Guignol, voir rosser le gendarme, et le dompteur mangé. Mais les temps changent. Le jour de l'apparition du fusil à pompe, le cinéma, si distingué dans ses comédies boulevardières, a subi un changement profond. Harry, Rambo et d'autres éléphants dans des magasins de porcelaine sont utiles. Des dizaines d'enquêtes contradictoires n'ont pas permis, et ne permettront jamais de savoir si la violence au cinéma influence la violence sociale, laquelle, convenons-en, existait tout de même avant l'invention de MM. Lumière. En revanche, il n'est pas difficile de comprendre que l'extermination des méchants sur pellicule animée soulage, rassure et réconforte. Le spectateur a lancé ses boules contre les personnages du jeu de massacre, il s'est défoulé. Le justicier dans la ville est le meilleur substitut qu'on ait trouvé pour décompresser la hargne contenue chez un individu contraint d'emprunter le métro trois heures par jour. Ça fait du bien de voir les loubards projetés en arrière sous la violence de l'impact, leurs regards étonnés et incrédules devant l'absence d'esprit chevaleresque. C'est encore meilleur quand l'arrosage du fusil à chevro-

---

1. Je sais ce que tu penses. Ai-je tiré cinq ou six balles ? Mais ceci est un Magnum 44, l'arme de poing la plus puissante au monde et elle peut souffler proprement ta tête.

tines en blesse quatre à la fois. Heureusement, les vengeurs cinématographiques d'aujourd'hui en ont fini avec ces gestes de grand seigneur, quand on rendait poliment à l'adversaire l'arme qu'on lui avait fait sauter des mains, afin que le duel, le *gunfight,* soit conforme à l'esprit du justicier sans reproches.

Les Suédois, dit-on, viennent de bannir les jeux guerriers. Désormais, les petits garçons pourront jouer à la dînette, se préparant on ne peut mieux au futur bagne du mariage. Il faut vraiment que ce peuple n'ait jamais surmonté la défaite que lui infligea Pierre le Grand. Les jeux guerriers ont de nombreux avantages, y compris celui de dédramatiser la situation. Ils font du bruit, beaucoup de bruit, et l'expectoration des onomatopées par des enfants déchaînés les fatigue et rend la tâche des parents moins pénible. Un demi-siècle de psychologie a gommé cet enseignement universel : le gosse doit s'écorcher les genoux pour apprendre à vieillir. L'absence de jeux guerriers est un crime.

Mes parents et mes grands-parents, qui avaient connu guerres et occupation, sans oublier l'exode, m'ont inondé de jouets militaires, de panoplies et de soldats en alu. Dans les superproductions que je mettais en scène sur le coin de table recouverte de toile cirée, j'ai exterminé plus de Peaux-Rouges que la cavalerie américaine. Sans honte. Et sans remords. Maintenant que les soldats ont disparu des bacs à jouets, je frémis pour ces pauvres petits à la seule évocation de jouets éducatifs. Heureusement, des fabricants de bon sens, flairant le marché, livrent des monstres, des guerriers de légende. On nous les présente comme particulièrement cruels. A la bonne heure! J'entends déjà le chœur des éducateurs. On développe le culte du superhéros. Il n'est pourtant pas sorcier de comprendre que l'enfant, pourvu de figurines, est obligé, o-bli-gé, pour s'amuser d'imaginer des situations et des dialogues.

Le recours aux jouets guerriers et aux films violents atténue notre agressivité, tempère nos poussées d'adrénaline, canalise nos mauvais sentiments. Cela porte un nom : une soupape de sécurité.

4.

LA FAIBLESSE TRANQUILLE

> *Vraiment, amis Barrès, Paul Adam, Bernard Lazare, etc., pourquoi acceptez-vous le jugement de la foule en politique quand vous ne l'admettez pas en art ?*
>
> Jules RENARD

« La richesse des sociétés dans lesquelles règne le mode de production capitaliste s'annonce comme une immense " accumulation de marchandises " (...). La marchandise est d'abord un objet extérieur, une chose qui, par ses propriétés, satisfait les besoins humains de n'importe quelle espèce. Que ces besoins aient pour origine l'estomac ou la fantaisie, leur nature ne change rien à l'affaire. Il ne s'agit pas non plus ici de savoir comment ces besoins sont satisfaits, soit immédiatement, si l'objet est un moyen de subsistance, soit par une voie détournée, si c'est un moyen de production. »

A relire les toutes premières lignes du *Capital*, exercice que je ne pratique pourtant guère, il me vient à l'esprit que ces brillantes formulations décrivent on ne peut mieux un phénomène très moderne : le marché des droits de l'homme. Les droits de l'homme sont une marchandise qui rentre plutôt dans la sphère de la fantaisie que dans celle de l'estomac (encore qu'il en faille pour transformer les vessies en lanternes...) mais elle est, en même temps, moyen de subsistance et moyen de production. Je ne parle pas des paies des fonctionnaires des droits de l'homme, ni des sommes nécessaires à la diffusion de cette marchandise mais de cette usine à déformer la pensée, à la plier aux volontés du subjectif, à tordre la vérité, à forcer un pied de 42 à rentrer dans du 40, et affirmer, en prime, qu'on n'a jamais été si bien dans ses chaussures, je veux parler, bien sûr, de l'idéologie.

L'idéologie n'est pas la pratique de la philosophie, mais son fantôme dévalué. Elle fonctionne par elle-même, à organiser son existence autour de sa propre reproduction permanente. Elle peuple les camps, détruit les villes à propos de quelques droits annexes, droit au bonheur, droit au logement, entièrement subordonnés aux droits de l'homme. Par le plus pervers des effets de miroir, la mélodie des droits de l'homme sert splendidement ce qu'on appelle, un peu trop schématiquement, le totalitarisme.

C'est devenu un lieu commun que de constater la désacralisation profonde des sociétés occidentales. C'est vrai, mais quelque peu banal, d'expliquer combien les concerts de rock tentent laïquement de combler ce trou béant. Les droits de l'homme participent aussi à cette tentative asthmatique de remplacer le sacré par un sacré profane.

Le sacré nous renforçait. Les sacrifices nous rappelaient que rien ne s'obtient sans renoncement. Certes, nos chanteurs se donnent du mal. Ils renoncent volontiers à leurs chemises, à leurs petites culottes. Elvis lui-même distribuait ses foulards avec une telle prodigalité qu'on ne pouvait s'empêcher de penser aux hosties. Les thuriféraires des droits de l'homme ne lésinent pas sur les mises en scène. Mais là où nous attendons, vainement, des tragédies, ils nous offrent des comédies. A dire vrai, cette comédie est une pièce impossible, qu'on ne joue jamais, sur laquelle aucun rideau ne se lèvera jamais pour la bonne raison qu'elle est trop mal écrite, par des tâcherons sans talent, écrivaillons médiocres, « préfaciers criminels d'un livre impossible ». La sentence est de Rivarol.

J'admets que devant les promesses du marché, les hommes politiques ne soient pas de trop. Il y a du travail pour tout le monde. Il faut des pleurs, des mains sur le cœur, des colères rentrées, des indignations contenues, des visages graves, des voix calmes débitant des banalités. Un constat s'impose : cela nécessite du personnel qualifié.

ÉLOGE DE LA FAIBLESSE

Sous l'Ancien Régime, les créateurs étaient tranquilles. Sitôt leur talent reconnu, des rois, des princes et des nobles les entretenaient sans exiger rien d'autre que le talent. L'artiste, de lui-même, se gardait bien de critiquer son généreux donateur. Cela semble inconvenant et inconcevable, à notre époque où le *chic* suprême consiste à cracher dans la soupe, mais les créateurs trouvaient tout à fait naturel de servir qui les payait. Vint l'odieux XIXe siècle et son succédané culturel : le romantisme. Notez que je comprends les artistes. Plus de nobles pour les entretenir, plus que des bourgeois économisant sur tout [1], il devint urgent de s'engager. C'est l'intellectuel engagé contre le créateur dégagé. Baudelaire n'éditat-il pas une revue socialiste, *Le Salut public?* Ne fit-il pas le coup de feu en décembre 1851? Sans les ouvriers, il est vrai. Les hommes en blouse grise ne pardonnaient guère, et comme on les comprend, de s'être fait tirer dessus en juin 1848 par ceux qui les appelaient à l'aide, trois ans plus tard.

Baudelaire, sagement, se désengagea, et même, employons une expression vulgaire, il fit son autocritique :

« Mon ivresse en 1848. De quelle nature était cette ivresse? Goût de la vengeance. Plaisir naturel de la démolition.

Ivresse littéraire; souvenir des lectures (...).

---

1. Pas tous... Pas toujours...

Les horreurs de juin. Folie du peuple et folie de la bourgeoisie. Amour naturel du crime.

Ma fureur au coup d'État. Combien j'ai essuyé de coups de fusil (...).

Être un homme utile m'a toujours paru quelque chose de bien hideux [1]. »

Las. Loin de suivre le conseil *royal* de Baudelaire, les artistes d'aujourd'hui, les simples êtres humains, qui gagneraient du temps en évitant simplement de le perdre, piétinent d'impatience à la seule pensée de ne pas donner leur avis. Vous voulez mon avis? Vous me le demandez? Eh bien, c'est d'accord, je vous le donne, mais à une condition, gardez-le, c'est un cadeau, et ne cherchez surtout pas à me le rendre. L'opinion politique ne sert qu'à détourner le créateur du seul engagement valable : la création.

J'avoue pourtant que j'ai donné mon avis. Dès l'âge de quatorze ans, j'avais déjà vécu l'expérience définitive en matière de revendications catégorielles.

Je déjeunais tous les jours à la cantine du collège, ce qui représentait un véritable calvaire. Que je me contente de dresser un menu, de rapporter un plat du jour et la tête me tourne. Il m'en revient des remugles. Pour la caisse des Écoles, les nouilles à

---

1. In *Mon cœur mis à nu.*

l'eau froide, au moins trois fois par semaine, constituaient le sommet de l'art culinaire.

Mensuellement, une dame mandatée par ladite caisse nous rendait visite. Elle s'adressait aux chères têtes blondes à la cantonade, demandait si c'était bon, chacun opinait de la tête, jusqu'au jour où j'eus le courage effronté de lui répondre : « Non, ce n'est pas bon. » La dame sursauta, me fit répéter. Je répétai. J'ajoutai, très en forme ce jour-là : « D'ailleurs, si vous ne me croyez pas, goûtez-y. » Elle grimaça, prévint les pions qui avertirent les professeurs. La dame partie, les profs me félicitèrent. Voyez-vous ça, félicité par le corps enseignant! Pour un peu, je devenais leur bureau des doléances : « Nous aussi, on trouve que ce n'est pas bon », « ils exagèrent, tout de même »...

Durant quinze jours, la nourriture s'éloigna qualitativement de l'auge à cochons pour atteindre les rives paradisiaques du restaurant universitaire. Le seizième, les avantages acquis avaient fondu comme neige au soleil. C'était peut-être plus dégueulasse qu'avant.

Vive la faiblesse tranquille! Mais ce fut plus fort que moi. Une force me poussa bien d'autres fois à donner mon avis. A propos de tout ou de rien, de quelque poète guatémaltèque à libérer, j'ai même — on a peine à avouer ces sortes d'infamies — signé des pétitions, déposé mon nom au bas d'un libelle, en compagnie d'autres anonymes, tentant sans doute comme moi, quoique inconsciemment, de ravir un peu de la gloire du *prisonnier politique*. Il y a toujours quelqu'un, quelque part, à libérer, un illustre inconnu dont on ignore tout.

Une fois, un ami plasticien me fit part d'un cas dépassant les sommets de l'horreur. Un peintre, seulement coupable de n'être pas raciste, était tenu au secret dans un cachot d'Afrique du Sud. L'obscurité lui abîmait les yeux! Devenir aveugle, quelle horreur pour un peintre [1]. J'ai signé. Le peintre fut libéré, se réfugia dans notre pays et je compris enfin, lassé par ses déclarations télévisées, qu'il se comportait en agent du Komintern. Était-il patenté avec émoluments ou simplement compagnon de route? Je n'en sais rien, mais il était très *objectivement,* je connais la chanson, l'allié de l'Union soviétique.

J'ai la pénible impression que chacun de nous, traumatisé par sa faiblesse politique, son manque d'engagement ferme, fait un complexe. *Le complexe d'Yves Montand* guette tous ceux qui aspirent à donner leur avis sur tout, de la *Guerre des étoiles* au déficit de la Sécurité sociale, des élections présidentielles à la nouvelle pauvreté, du transfert de Fernandez à la crise de la presse.

Au demeurant, les positions politiques de ce monsieur ne sont pas fondamentalement idiotes. Et pour cause : il reprend les thèses professées par Raymond

---

1. Et pour les autres, alors?

Aron dans les années 50. *Grosso modo,* il appelle de ses vœux une social-démocratie antisoviétique. Du Léon Blum, quoi!

Digression, digression, quand tu me tiens! Au nom de Blum, je me sens envahi d'une immense reconnaissance pour celui qui signa les accords Blum-Byrnes, consacrant le retour du cinéma américain dans notre douce France privée de MGM, de Warner, de Paramount et de bien d'autres durant cinq longues années. Comment critiquer Hollywood, cette usine à rêves, qui m'aida à supporter l'adolescence, ce plus grand des maux?

Mais de cette digression surgit la continuation de mon raisonnement. Les véritables bienfaiteurs de l'humanité ne sont pas ceux qui se penchent sur elle, mais ceux qui lui donnent un bon spectacle, qui lui présentent un bon *show,* de *l'entertainment.* Bateleurs, saltimbanques, qu'importe la dénomination, Laurel et Hardy, Fred Astaire, et aussi Fernandel, Michel Simon ont *fait du bien* à l'homme par leurs inengagements.

Attardons-nous sur Fred Astaire, de son vrai nom Frederic Austerlitz. Il a promené son aisance, sa gentillesse, durant tant d'années que les gardiens de l'art les plus obtus ont fini par comprendre que son aisance était une morale et sa gentillesse un style. L'art commence quand se forment un style et une morale. Le délicieux Austerlitz, dont le visage évoque celui de Stanley Laurel, est donc un artiste. Un

LA FAIBLESSE TRANQUILLE

nombre élevé de livres et d'émissions lui ont été consacrés et nous ignorons toujours ses opinions politiques, ses choix de vote, voire s'il votait. Il n'a jamais occupé le devant de la scène avec des déclarations, des manifestes, il n'a jamais fait que son métier. Il est très exactement, et pour longtemps encore, un *bienfaiteur de l'humanité*.

« *Make 'em laugh* », chante Donald O'Connor dans *Chantons sous la pluie,* et Gene Kelly répond « *Be a clown* » dans *Le Pirate*. Faites-les rire, soyez des clowns, changez les idées du public au lieu de tenter maladroitement d'imposer les vôtres.

Aujourd'hui, l'artiste se croit obligé d'attacher son nom à une cause. Je n'ai pas l'esprit méchant — je l'ai seulement cruel — au point d'imaginer que des vedettes s'engagent aux fins de publicité supplémentaire. Ils n'ont pas besoin de ça. Ils se contentent de prendre des poses de père fouettard. Si nous ne donnons pas notre argent, notre signature ou notre temps, nous sommes des salauds, si possible dans le sens sartrien du terme. Celui qui ne pratique pas la charité est sans doute un salaud, mais que penser de celui qui s'en vante? « Il me semble que la bonté déserte l'homme dans la mesure où elle devient bonne volonté et bonnes actions », écrit Robert Musil [1]. Il semble que la charité déserte l'homme quand elle devient publicité.

---

1. In *L'Homme sans qualités*.

ÉLOGE DE LA FAIBLESSE

J'ai longtemps cherché la cause que je pourrais soutenir de mon active présence. J'ai écarté les hémorroïdes, de précédents livres m'ont assez catalogué pornographe, j'ai écarté les cors aux pieds, n'en souffrant pas, il m'apparut incongru de feindre de partager les souffrances des victimes. J'ai décidé de ne soutenir aucune cause, hormis celle des individus.

Les multiples associations de bienfaisance médiatique témoignent du plus haut niveau de développement associatif, mais viennent voler le pain, brouter l'herbe des institutions en place. Brusquement, je me sens pris de sympathie, de tendresse pour le bon travail des catholiques, de leur Secours du même nom, et même pour le Secours populaire, dont les patrons ne sont pourtant pas de mes amis. Ils font leur boulot. Ils essaient, bien sûr, de placer leurs salades et leurs brochures, c'est humain, mais dans des limites raisonnables, acceptables.

Cette symphonie des grandes causes masque la disparition de la véritable et profonde charité d'homme à homme, cœur à cœur.

Par charité, j'entends le dévouement et le bienfait, et non l'amour du prochain, auquel je ne crois plus guère.

Est-il possible, aujourd'hui, de conserver son caractère artisanal à la charité? Je crains que les « rapports de production », les « nouvelles données économiques » ne rendent caduque la vieille charité. Mais où ai-je écrit, où me suis-je vanté d'aimer mon

LA FAIBLESSE TRANQUILLE

époque et ses idées reçues, de suivre ses modes et ses grands prêtres?

Si j'étais invité dans une de ces émissions où les vedettes donnent leur sentiment, leur avis, saurais-je me montrer roublard? Dissimulerais-je mes véritables opinions pour ne pas choquer mes éventuels lecteurs? Pratiquerais-je la duplicité? Ne vaudrait-il pas mieux, en bonne lâcheté, me révéler neutre et domesticable quand je donnerai mon point de vue sur le racisme (dépassé), les jeunes (que j'aime), les droits de l'homme (nécessaires), la démocratie (indispensable), Le Corbusier (en avance sur son temps), la libération de la femme (également l'affaire des hommes), le terrorisme (un cancer), Israël (j'ai d'excellents amis juifs), l'URSS (qui s'embourgeoise), le sport (pour lutter contre la drogue), Yannick Noah (notre seul espoir pour Roland-Garros), etc?

Je devrais prendre modèle sur G..., ce modèle de duplicité. En Mai 68, il avait suivi le mouvement, comme on se laisse porter par une vague, en sachant d'expérience que ce n'est pas en luttant contre le courant qu'on échappe à la noyade. Il avait donc rejoint le comité de grève de son lycée. Dans le même temps, il avait adhéré clandestinement au comité antigrève, et avec un trait propre à son caractère, il avait obtenu que ce comité-là s'appelât le *Comité de grève à la grève*. Qu'un étudiant l'interpellât dans un couloir, en lui demandant, sur le ton des cuistres en révolte : « Camarade, fais-tu partie du comité de grève? », il répondait évidemment oui, mais dans le cas toujours possible où ledit étudiant soit un provocateur et répondît : « Salaud, tu sabotes mes études », il lui restait la possibilité de répondre : « Comité de grève, oui, mais à la grève. »

Je ne suis pas doué pour la duplicité, c'est une de mes faiblesses. Je me sens, presque insensiblement, porté à ne plus rien dire, à ne plus rien faire. Cela ne s'obtient pas tout seul, je résiste, et lorsqu'on me croit sans réaction, je relève la tête pour énoncer une méchanceté gratuite, chercher une mauvaise querelle, irriter un vis-à-vis auquel je n'ai pas grand-chose à reprocher, hormis sa figure. Que ne suis-je les enseignements de l'écrivain Bartleby!

Par écrivain, entendez, employé aux écritures. Bartleby est le héros – mais que ce mot sonne mal – d'une nouvelle de Herman Melville. Embauché par un patron compréhensif, Bartleby « abattit une extraordinaire qualité d'écritures », mais pressé d'accomplir une tâche inhabituelle, il répond, à la surprise, à la consternation de son employeur : « Je préférerais ne pas le faire. »

Cette phrase va devenir son leitmotiv, le mur sur lequel les tentatives de son patron viennent se briser, dérisoires, car on ne peut rien contre la force d'inertie.

« – *Pourquoi* refusez-vous?

– Je préférerais ne pas le faire (...).

– Bartleby, dis-je, Gingembre est parti. Faites un saut jusqu'à la poste, voulez-vous (...).

— Je préférerais ne pas le faire.
— Vous ne *voulez* pas?
— Je *préfère* pas. »

Alternant les supplications et les menaces, l'employeur, pourtant tolérant et calme, ne recevra jamais, pour toute réponse, que des « je préférerais ne pas le faire », voire, quand on fait appel à la raison de Bartleby : « Je préférerais ne pas être un petit peu raisonnable. »

J'hésite encore à suivre l'exemple de Bartleby. Emporté par le poids de sa terrible habitude, il finit par en mourir, préférant ne pas se nourrir. La dernière sentence n'est pas prononcée, pas écrite, mais on l'entend pourtant, écho terrifiant d'une pratique souveraine du refus : « Je préférerais ne pas continuer à vivre. »

Bartleby représente le sommet de la désobéissance civile, son triomphe par l'absence totale d'engagement. Il rend amusant le gentil David Thoreau [1]. La vie dans les forêts, c'est fatigant et dangereux. Il faut allumer un feu, attraper des animaux, éviter de marcher sur la queue des serpents, de croiser le chemin d'un sanglier.

Bartleby résiste tout autant à l'insoumission qu'à la conscription. Il est le lâche dans la plus hautement

---

1. Auteur de *La désobéissance civile,* il est considéré comme un des pères spirituels de Bob Dylan et du mouvement hippy. C'est tout dire.

ÉLOGE DE LA FAIBLESSE

morale des acceptions du terme. Galet rondement poli par la vague, il ne cherche pas à lui résister, puisqu'il reviendra inévitablement à sa position initiale.

Je sens poindre des critiques, voire des accusations. Les résistants, les dissidents ont tout de même une autre morale, une exigence plus intégriste. En viendriez-vous, affreux Paucard, à vous livrer à une apologie de la collaboration?

Certes non, et pour la simple raison que les collaborateurs font également preuve d'une immense inconscience. J'admire les résistants, oui, mais de la première heure. Pour parler de notre histoire récente, je dirai qu'à partir du 6 juin 1944 – admettons le 7, pour ceux qui avaient manqué les informations – s'engager dans la résistance m'apparaît comme la plus banale des manifestations d'opportunisme.

Il me reste encore de la famille pour me raconter comment cela se passait vraiment. Quoi qu'on en ait dit, le populo était anti-allemand dans son immense majorité et pour deux raisons. Parce que le moins nationaliste des individus ne supporte pas longtemps la vue d'uniformes étrangers. Parce que l'occupant était assimilé à la disette.

Mais comment rejoindre les rangs de la résistance? Ses bureaux ne donnent pas sur la rue, ni même sur une ruelle mal éclairée. Réponse : on rejoint la résistance par hasard, par relation. Une nuit, mon père ramène un aviateur américain en uniforme à la maison. Il explique à ma mère qu'un de ses collègues le lui a demandé. Il a répondu oui, pour le principe, et aussi pour ne pas apparaître comme un dégonflé. Il aurait pu répondre non par esprit de revanche, car la veille, les superforteresses ont bombardé les usines Renault à Billancourt et les pertes civiles ont été terribles. Mais du 7e arrondissement, le spectacle fut grandiose, une véritable superproduction hollywoodienne éclairée *a giorno,* avec des projecteurs fouaillant les parachutes des avions en flammes.

L'Américain ne parle pas un mot de français et mes parents ignorent presque tout de l'anglais. Ils risquaient la baignoire, mais ce qui les frappa, ce furent les cigarettes américaines. L'aviateur en offre. Mon père refuse, il ne fume que du gris. L'Américain le regarde avec perplexité récupérer le tabac de ses mégots et le rouler. « Au bout de vingt-quatre heures, il avait compris », se souvient aujourd'hui ma mère. Trente-six heures après son arrivée, il repartait sans que les auteurs de mes jours sachent son nom, son origine ou quoi que ce soit. Ils ne furent pas décorés, ce qu'ils eussent trouvé inconvenant, mais quelques mois plus tard, mon père reçut la médaille de la Résistance pour un fait d'armes peu glorieux et dont il eut honte toute sa vie. Sur ordre de ses supérieurs FFI, il dut arrêter Sacha Guitry, ce qui, comme chacun sait, contribua efficacement à la victoire des Alliés.

L'engagement est un engrenage, un entonnoir aux

parois si lisses qu'il est impossible d'éviter la glissade. L'engagé y est précipité par les circonstances, expression qui dissimule bien mal le triomphe de sa destinée.

J'ai la tête encore trop farcie de récits héroïques, de leçons de morale et de glorieux faits d'armes pour n'être pas certain, demain, de me heurter à un gros pot de fer qui pourrait bien ressembler à un char soviétique, mais franchement, *je préférerais ne pas le faire*.

Au contraire d'une simple dictature, le communisme n'exige pas seulement le silence de ses administrés, mais l'approbation à voix haute. Or, rien n'est plus changeant qu'une ligne politique, surtout si les soubresauts économiques qu'elle produit engendrent pénuries et rationnements. Le fautif est obligatoirement responsable de l'ancienne ligne et ceux qui, contraints et forcés, l'ont acclamée, se sont immolés d'avance. Le communisme interdit la lâcheté, voilà qui devrait inciter à réfléchir...

Une bonne vieille dictature, y compris à coloration militariste, ne demande que le silence. Celui qui l'ouvre prend un grand coup de bâton et ses os sont brisés, mais celui qui se tait peut traverser l'orage. La dictature soviétique exige l'engagement sans la moindre contrepartie. Accusé demain d'être un saboteur, le simple quidam n'aurait même pas la consolante ressource de se livrer à la réflexion philosophique, puisqu'on ne peut pas être traître et philosophe. Chacun se souvient de la réplique de Boukharine. Au procureur Vichinsky qui lui demandait de ne pas se livrer à la « philosophie » — on se doute du sens de cette dernière dans la bouche d'icelui — vu qu'il n'était qu'un traître à la solde de la réaction, l'accusé pour l'exemple répondit : « On peut être traître et philosophe. »

Il y a belle lurette que les peuples des protectorats d'outre-Elbe ont compris qu'ils ne devaient rien attendre de nous. Ils n'ont pas la puérile exigence de nous souhaiter forts et courageux. Ils n'ont qu'une espérance, c'est de nous voir trouver en nous-mêmes les ressources de la résistance, ou plus exactement contre nous-mêmes. La plus spontanée des résistances se pratique avec le rire. Cela rassure.

5.

FAIBLES HOMMES

> *La femme veut que l'homme reste un enfant, mais qu'il ait l'apparence d'un homme.*
>
> Montherlant
> *Sur les femmes*

Au sujet des femmes, je suis bien décidé à ne rien cacher, à confesser mes grandes faiblesses et mes petites lâchetés. Autant l'avouer, si on ne l'a déjà compris, j'ai de tous temps été un timide et ce n'est pas l'appréhension qui a présidé à mes rencontres amoureuses, mais la plus belle des trouilles. Avec ce manque d'assurance propre à ceux dont l'adolescence a consisté à se laisser voler ses plaisirs, je ne fais que douter de mes succès éventuels, et quand, par chance, ou par conjoncture, ils arrivent, je reste hébété, comme au sortir d'une désintoxication.

La malchance chronique de mon existence a été

d'être fils unique, ou plutôt de ne pas avoir de sœur. Je ne prétends pas que la sœur doive jouer le rôle d'une rabatteuse, je crois simplement que sa simple présence, exemple éducatif, permet à un jeune benêt d'appréhender, de saisir un peu de la complexité du personnage féminin.

Ma sœur, je l'eus vue à l'œuvre, avec moi, avec ses flirts, avec ses copines, et le jeu qu'elles auraient joué, qu'elles auraient immanquablement représenté, j'en eusse été le spectateur privilégié. Oui, j'eusse accepté d'être le machiniste, le pompier de service, afin de mieux comprendre les mécanismes de la pièce.

En ai-je entendu sur la fausseté de la théorie de la nature humaine! Et pourtant, qu'est-ce qui peut le mieux expliquer ce jeu cruel et terrible, sinon le controversé concept de l'éternel féminin? A l'heure où j'écris ces lignes, je ne rencontre plus que des féministes meurtries, d'anciennes troupières de l'armée revendicative, qui en arrivent à se demander, par cet effet pervers de balancier qui caractérise les grandes remises en cause, si la simple revendication du salaire égal est une bonne chose puisqu'elle signifie travail égal. Or, le fait est reconnu chez les plombiers comme chez les facteurs, la parité des tâches et des salaires tend à masquer les différences. Et sans différence, l'homme, ce petit être fragile, se sent moins impressionné par la femme.

La peur devant la femme est de trois sortes. La

peur du refus, alors qu'il devrait être bénéfique, nous préservant d'une nouvelle bêtise; la peur de l'acceptation, qui nous entraîne dans les entrelacs et les méandres des jeux de la conscience; la peur éternelle, l'angoisse existentielle devant un grand secret qu'on cherche à pénétrer sans être convaincu de bien agir.

La raison à cela, de cette impossibilité qu'ont la femme et l'homme de s'assembler telle une queue d'aronde, est splendidement résumée dans une célèbre sentence de Sacha Guitry, que je reproduis de mémoire pour cause de recherches référentielles infructueuses : « Nous ne sommes pas de taille à lutter à armes égales. » Il ajoutait encore que l'homme est cocu et la femme trompée. Cette subtile distinction explique Boubouroche, brave toutou bonasse, léchant éperdument, et avec reconnaissance, la main qui le griffe.

Une évidence s'impose à moi depuis que je suis père d'une fille. Elle naquit en 1974, époque où, je dois l'avouer, j'étais encore sous le coup de la mauvaise conscience distillée savamment par les idées à la mode. Étions-nous salauds avec ces bonnes femmes? Leur en faisions-nous voir? Ce qui ne les empêchait pas, ça va de soi, d'obtenir ce qu'elles voulaient, à savoir un enfant. En deux mois, peut-être moins, j'avais radicalement changé d'avis, tout ça parce que j'emmenais la petite à la crèche. Même emmaillotées, même allongées toute la sainte journée, elles trouvent encore le moyen d'entôler les petits garçons. Et alors, quand elles marchent, c'est la Saint-Barthélemy. « Tuez-les, mais tuez-les tous ! » La sociologie est impuissante à nous expliquer pourquoi une gamine de Gennevilliers est aussi garce qu'une autre du quartier des Invalides. Freud, avec ses histoires de trou de balle, n'est pas très à l'aise non plus. Je ne vois guère que le père Jung pour avoir perçu le processus. Nos petites chéries veulent se montrer dignes de leurs aînées. Les grandes ancêtres ont chassé Adam du paradis, coupé les cheveux de Samson et bien d'autres agaceries, il n'y a pas de raison, c'est dans la tête, ça ne part pas au lavage.

Dois-je reprendre, une à une, les qualités féminines et dresser en face les ridicules défenses de l'armée masculine ? Comment croire que la balourdise puisse contrebalancer la force de la finesse, très exactement d'une faiblesse feinte ?

Je le concède, l'homme possède la force brute, avec laquelle on cogne. Lors de la dernière coupe du monde de football, un de mes amis, qui de chez lui observe avec un intérêt sociologique le salon de ses voisins, a vu un gros lard en maillot de corps, écœuré par l'élimination de l'équipe française, se lever de son fauteuil et cogner sur sa femme. Ces pratiques ne sont pas admissibles, mais est-ce un homme ? Sont-ce des êtres humains ?

Le viol n'est-il pas la manifestation ultime de la faiblesse de l'homme ? Les faibles violent, les forts séduisent.

FAIBLES HOMMES

Pourtant, je suis faible et je ne viole pas. J'ai besoin de poser ma tête sur une épaule, mon état nécessite de douces mains secourables, et comme je ne me décide toujours pas à devenir pédé, c'est à la femme que je demande aide et assistance. Aime-moi, comme je t'aime! Méfie-toi de moi, cependant, car ma sournoiserie m'étonne parfois, mais de grâce, accorde-moi ce que tu peux, ce que tu sais, ce que tu es la seule à donner, ta force consolatrice. Je m'ensevelirai dans tes bras, je me nierai, je refuserai ma spécificité pour connaître le grand repos, qui m'habituera, lentement, au grand sommeil.

Il m'est arrivé quelquefois, poussé autant par l'autre que par mon désir, de jouer à ce jeu où l'on attache et où l'on fouette, où l'on se prête à la représentation de soi. J'ai la plupart du temps été celui qui donne, il est reconnu qu'on éprouve plus de joie à donner qu'à recevoir. Mais de cette descente aux enfers, je sais aujourd'hui une vérité qui ne me fut pas de suite croyable, c'est que celui qui domine se lasse en premier, pis, qu'il est prisonnier de celle qui demande, exige et obtient la punition.

Comment, après cela, pourrais-je me croire fort, comment pourrais-je me croire un mâle alors que je fus le jouet de la volonté de l'autre? Je ne suis que faible, et rien d'autre, devant la femme.

Mais, en avouant ma faiblesse, je ne me départis pas d'une rouerie certaine. Elles nous préfèrent faibles. Elles ne cessent pas de nous désirer bronchiteux pour connaître le doux plaisir de nous soigner. Elles ne cessent pas de nous prendre pour des enfants. Elles ne cessent pas d'être des mères.

Je résiste le plus possible, mais parfois, *c'est plus fort que moi,* je tombe amoureux. Oui, c'est une expression très juste. On tombe, littéralement. On marche tranquille en s'arrêtant de temps en temps pour boire à une fontaine, et puis, vlan! On bute sur le caillou de l'amour, et on s'étale dans la poussière. Être amoureux, c'est très agréable, mais à la manière d'une drogue. Au début, c'est l'extase, il suffit de si peu pour notre bonheur, mais l'engourdissement généralisé nécessite des doses de plus en plus fortes, et souvent le *dealer* refuse la vente. Alors, c'est le manque, la tête contre les murs, l'impression pénible qu'une éruption volcanique se produit dans tous les recoins du corps.

Être amoureux devrait être formellement interdit quand on n'est pas payé de retour. Mais la monnaie de sa pièce n'est pas non plus une garantie de tranquillité. Lorsque je suis amoureux, il me vient des envies de saillies brutales, avec des cochonnes admirables, prêtes à souffrir mille perversions pour exorciser la terreur que m'inspire mon amour.

Je suis malheureusement ainsi fait que l'amour me désarme, qu'il me rend respectueux, gauche, malhabile et parfois pire. J'ai mis sur le papier suffisamment de mes turpitudes pour que d'éventuelles lectrices ne souhaitassent les vérifier. Cette confirmation se déroule dans un lit, le mien la plupart du temps, et tout s'y passe selon les grandes lignes exprimées dans les textes. Mais pas toujours.

Le mal n'est pas bien grave. La faiblesse que j'exprime par ma retenue involontaire conforte la femme qui l'a fait naître dans la certitude de mon amoureuse tendresse et lui insuffle des élans de réconfort.

Je n'ignore pas l'origine de ce pénible fardeau. Sarah, la femme d'Abraham, se croyait stérile. Elle permit à son mari d'enfanter Agar, l'esclave égyptienne, qui mit au monde Ismaël. Mais le jour où Sarah donna le jour à Isaac, Agar et Ismaël furent abandonnés dans le désert.

J'ai hérité cette dichotomie de mon ancêtre Abraham. Je ne peux m'empêcher de classer les femmes en deux catégories, les mères respectables et les putains agréables. Mais au contraire de ces odieux mâles méditerranéens ou d'ailleurs, j'éprouve la plus grande tendresse pour la putain secourable, et il ne me faut qu'un peu de temps pour que la mère se transfigure en la plus douce des catins. Dans l'instant de leur réalisation, mes désirs secrets les moins avouables sanctifient la putain provisoire, qui se rend à l'exigence absolue de mon désir.

En exprimant cela, je vois poindre de nouveau l'éternel débat. Si le jouisseur est coupable des plus douces faiblesses, s'il n'en est pas moins vrai que la faiblesse ouvre la voie à la jouissance, laquelle de ces deux propositions est la toute première? Si j'osais... je pencherais pour la jouissance à l'origine de la faiblesse. Il me semble que l'homme a dû se masturber une fois avant de se rendre compte des avantages de la pratique. C'est ensuite, et ensuite seulement, qu'il s'est aperçu, terrorisé par sa découverte, de sa faiblesse, de son penchant naturel à se regarder le nombril, c'est une image.

Le libertin est lâche. Tout cela prouve que la chambre des amants est un lieu clos, en dehors du temps, de la vie sociale et de ses astreintes. La chambre est le territoire sacré du faible, qu'il y dorme ou qu'il y fornique. Un jour, je me résoudrai à écrire au lit. A moins que tout mon appartement ne soit qu'une chambre et que la chambre même n'en soit l'accul.

Le lien évident entre la faiblesse et la jouissance l'est à ce point que je me demande si cela vaut la peine de l'énoncer. L'intérêt de ce rappel est de prouver, par la valeur de l'exemple négatif, à quel point les courageux, les téméraires, les braves sont souvent privés de curiosité jouissive. Nous ne consacrons pas le même temps aux choses. Par un glissement qui n'a rien du traditionnel glissement sémantique, mais qui se rapproche plutôt de celui du terrain, j'en arrive à penser que l'oisiveté représente le triomphe de la faiblesse, qu'elle en est l'expression la plus concentrée. Imaginons de la faiblesse déshydratée sur laquelle on verserait l'eau bouillante du plaisir et, instantanément, la bonne soupe de l'oisiveté serait prête à consommer.

Physiquement, la femme est beaucoup plus résistante que l'homme. Moralement aussi, d'ailleurs. Une veuve pleure, mais survit. Un vieillard perd sa compagne, il lui survit parfois, mais guère longtemps. Ce ne sont pas tant les tâches ménagères qui le désagrègent que l'impression pénible d'avoir été amputé, de continuer à sentir un membre qui n'est plus là. « Il n'est pas bon que l'homme soit seul », est-il écrit dans le Livre.

Mon oncle Joseph me racontait, avec une admiration non dépourvue d'envie, les exploits de femmes soviétiques prisonnières dans un camp qui jouxtait la gare de Cravant-Bazarnes (Yonne) où il était sous-chef de gare. D'après lui, elles soulevaient un quintal (100 kilos) en riant. Les communistes ont tout mis en œuvre pour que la femme soit l'égale de l'homme. Il suffit de se promener dans Moscou pour voir l'acharnement et constater le rendement des terrassières et autres cantonnières. Il y a là sans doute une idée à développer chez nous...

Dans cette ville, on m'avait vanté une piscine découverte, y compris en hiver, au bassin duquel on accède par des sas, de larges vantaux de caoutchouc. Le bruit court qu'à l'entrée, d'énergiques matrones vous saisissent, vous douchent et vous frictionnent avec un gant de crin. Je m'y rendis le cœur battant, mais je fus déçu, rien ne se passa. Ces pratiques sont-elles exclusivement réservées aux privilégiés du comité central ? La place – convoitée – de garçonnes de douche est-elle destinée à récompenser les fins de carrière des monstrueuses lanceuses de poids, de disques, de javelots et de marteaux ?

Les matins sont vécus très différemment par les hommes et par les femmes. Ces dernières, malgré les épuisantes galipettes auxquelles, nonobstant nos conseils de modération, elles se sont livrées jusqu'à des heures indues, sautent au bas du lit à la première sonnerie, et nous aurons encore beaucoup de chance, si, juste avant la douche vivifiante, il ne nous est pas instamment demandé de *remettre ça*.

Là où la force de caractère de la femme se manifeste avec le plus d'évidence, même si cela se mâtine d'une dose d'inconscience, c'est dans la persistance à vouloir procréer. Nous aurons beau ne jamais poser la question sur le tapis, nous aurons beau ne jamais aborder le sujet, même harcelé de provocations, c'est plus fort qu'elle, nous devons nous y résigner, il faut cesser de détourner le flot impétueux de nos spermatozoïdes, quelle que soit la méthode utilisée, des chemins de traverse, pour le diriger vers le bon endroit, là où l'ovule perfide a tendu ses filets.

Je comprends très bien son point de vue, je le suppute. Un homme ne pourra jamais se mettre en situation. Nous n'avons pas la place, l'endroit prévu pour porter un enfant, et nous ne pourrons jamais en ressentir le désir physique. L'organe crée la fonction. Savoir que son ventre puisse servir à autre chose qu'à effectuer des gargouillis hygiéniques, après un repas trop chargé, doit déterminer des vocations. Il y a aussi cette pression des amies, ou des mères. Il faut enfanter comme l'ont fait celles d'avant, grands-mères, mères, tantes. Il faut enfanter comme s'y livrent ou s'apprêtent à s'y livrer les copines d'enfance ou de travail. La malheureuse qui reste en rade devra supporter éternellement le supplice de Tantale d'une consœur effectuant avec délice les obligations de l'enfantement et de l'éducation. La pression est terrible. Elle est multiple : sociale, confessionnelle, psychologique. Elle est rendue plus forte encore par le refus de l'homme qui préférerait vivre tranquille en goûtant les petits plaisirs de la quotidienneté, sans contracter un bail assorti de tâches multiples, variées, certes, mais banalement réductrices. Chacun connaît les *tests* d'association d'idées. Au mot de progéniture, je pense petits pots, couches-culottes, biberons, couchers, réveils, dents de lait, emploi du temps, crèche, gardienne, *baby-sitting,* pognon, départs en vacances, éducation, parents d'élèves, entrée en sixième, modes, fringues, musique yé-yé, études, samedis soir et, surtout, responsabilités en tous genres, toutes sortes et tous calibres, mais qui finissent toujours par me prendre mon temps, mon précieux temps.

On m'objectera que certains hommes veulent des enfants. Grand bien leur fasse. On m'objectera également que certaines femmes n'en veulent pas. Je répondrai qu'elles en veulent fatalement un jour ou l'autre, sous une forme ou sous une autre (un de mes amis m'assure que la possession d'un chat retarde l'échéance. Possible, mais je n'aime pas les chats). On m'objectera enfin — les objecteurs commencent à m'ennuyer — qu'il existe une opération sans danger qui rend l'homme stérile. J'y ai pensé, figurez-vous, mais je ne crois pas que ça les arrête. Il reste la possibilité de l'adoption. Si l'espèce humaine se perpétue, c'est, j'en suis sûr, à cause de la pression constante de la partie féminine. La plupart du temps, la partie masculine se désintéresse de la procréation. La femme a donc le rôle social majeur, *par définition*. Je suis peiné d'avoir à répéter cette évidence, mais elle tend à être oubliée, ces temps-ci.

C'est un autre débat qu'ouvre cette certitude qui tient du truisme. L'Humanité (je ne parle pas du journal) doit-elle continuer à vivre? L'a-t-elle mérité? J'aurais tendance à répondre non, à souhaiter sa disparition, mais à la condition que ce déluge se déroulât sans moi. Nous sommes bien tous les mêmes...

Ce combat permanent à armes inégales, je ne vois qu'un moyen de ne pas le mener. Le refus. Le refus de combattre qui peut s'assortir du repli en bon ordre.

Qu'on me comprenne bien. Je ne dénie pas à la femme le droit — encore que ce droit ne soit pas codifié — de se trouver un époux ou de désirer une triomphante maternité. J'approuve ce programme de son point de vue, mais pourquoi diantre chercher cet accomplissement avec ceux des hommes qui ne demandent rien de tout cela? Cela tient d'une loi de résistance. Plus on s'efforce de persuader les autres du bien-fondé de nos convictions, plus les autres tentent de changer notre avis. Plus l'homme se présente aux yeux de la femme insensible à la paternité, plus l'énergie reproductrice de celle-ci s'acharne contre la malheureuse.

La franchise ne sert donc à rien. Au contraire, par sa cruelle évidence, elle laisse à croire que l'affirmation provocatrice est un jeu et que le véritable désir est dans le souhait profond de la paternité.

Celui qui ne veut pas se laisser piéger, celui qui ne le veut pas réellement, profondément, n'a qu'une solution pour ne pas succomber : papillonner. Ce n'est pas de gaieté de cœur que l'homme passe de l'une à l'autre. Le donjuanisme est le produit de l'insistance féminine. Être volage, c'est dresser une ligne de défense supplémentaire. Mais c'est l'intégrité qui se dilapide dans les joutes répétitives.

La plus grande faiblesse est là. Il est extrêmement difficile, et courageux, de résister à une proposition d'accouplement, sauf, bien sûr, dans le cas où celle qui nous y invite est contrefaite.

Mon éducation a été bonne, puisque je continue de tenir les portes aux vieilles dames et d'aider les aveugles à traverser les rues sans que cela m'en coûte, mais elle révèle aujourd'hui ses limites. Ma grand-mère, à qui je dois l'essentiel de mes bonnes manières, m'a enseigné avec tant d'insistance à répondre : « non merci » quand on me tendait un gâteau, que maintenant la chaudière explose. Je prends ce qu'on m'offre, sans omettre de dire « merci », cela va de soi, même si je n'en ai guère envie.

Cela commence à se savoir : la femme choisit. Son art consiste à nous laisser croire que nous la séduisons, alors que les portes ne s'ouvrent qu'à ceux qui en ont reçu l'autorisation. La séduction n'est qu'une période d'épreuve, plus ou moins longue selon la faculté de compréhension de la dame et l'impatience du monsieur. Quand la porte s'ouvre, en grand, qu'elle est tenue suffisamment longtemps à l'invité pour qu'il pénètre dans le Saint des Saints, il est de la plus haute impertinence de refuser de passer de l'autre côté. Non seulement le refus, voire l'indécision, condamnera la porte pour longtemps, sinon définitivement mais, en prime, il déterminera chez la dame des vocations vengeresses, des haines tenaces et des persiflages odieux. Dans *La Règle du jeu,* l'inconsistant Jurieu, fort embêté, déclare à Jackie : « ... Tu sais, Jackie... J' t'aime pas ! » Sa mort, à la fin du film, vient sanctionner son inadaptation à la règle du jeu.

Je suis extrêmement faible. Quand j'ai envie de dire oui, je ne me décide pas à dire non.

Cette aptitude chronique à se prononcer pour le

FAIBLES HOMMES

oui multiplie mes bonnes aventures, mes *bons coups*, comme disent les hommes mariés mais, par voie de conséquence, elle me prépare régulièrement des ruptures délicates.

Rompre est difficile. Surtout lorsqu'on n'a pas été habitué à considérer les femmes comme des mouchoirs en papier, mais des êtres possédant, tout comme nous, un cœur et un cerveau. La plus simple des figures, c'est d'être débarqué par la femme, pour une cause ou pour une autre.

Dans ce moment qui suit l'amour, où les amants reposent côte à côte, il n'est pas difficile de comprendre, à des changements dans le rythme de la respiration, que notre bien-aimée en a *gros sur la patate*, assez de ce mec qui ne veut pas se marier, pas d'enfants, rien de tout ce qui rend la vie si désagréablement agréable. Au bout de la suspension du temps, vient le constat :

— Je ne vois pas très bien où mène notre liaison...

Il faut sauter sur l'occasion et répondre :

— Tu as raison. Ça ne nous mène nulle part. La cause en est mon inadaptation à la vie à deux. Je suis conscient que ce n'est pas normal, qu'un homme devrait être transporté d'enthousiasme à l'idée de convoler et de procréer. Mais c'est trop tard, le moule est cassé. Il est préférable, pour tous deux, de se séparer. Je vais souffrir, mais tant pis, tu es encore jeune (aïe!), ne t'embarque pas avec moi sur un bateau qui prend l'eau. Quittons-nous maintenant.

Ne claque pas la porte en sortant, je me lèverai pour la fermer après ton départ.

Les conditions de cette tirade ne sont pas souvent réunies. La plupart du temps nous sommes contraints, par notre lâcheté, à effectuer cet éternel pas de trop, qui est déterminé par la longueur de l'engagement. Un an pour plusieurs, un mois pour six, une semaine pour un mois, un jour pour une semaine et une heure pour la journée. C'est la retraite, sur un terrain plein de mines, piteuse.

La plus terrifiante des figures de la rupture est l'annonce à la personne intéressée de son licenciement, les yeux dans les yeux, en dissimulant, si possible et auparavant, les bibelots, vases et autres objets contondants.

Les ruptures sont d'autant plus aisées qu'on ne se sent pas obligé de donner ses raisons. C'est comme ça. Point à la ligne.

Mieux, ou pis, la femme accepte plus facilement la rupture quand on lui en préfère une autre. « Elle est jolie, au moins ? » Bon, se dit-elle, c'est sur mon terrain que j'ai perdu la guerre.

Hélas, la sempiternelle mauvaise conscience, la honte du coup en traître, la visqueuse sensation de causer le mal paralysent l'acte de rompre, le transforment en une grotesque danse sur place, comparable aux laborieux efforts d'un homme se retenant de péter dans le salon de sa belle-mère.

Celui qui possède des nerfs d'acier rompt en

s'appuyant sur l'extraordinaire pouvoir de la force d'inertie. Bartleby s'y serait révélé génial.
— Tu ne veux pas que nous restions ensemble.
— Je préférerais ne pas le dire.
— Tu ne m'aimes plus?
— Je préférerais ne pas rester avec toi.
— Tu veux me quitter?
— Je préférerais que tu le fasses.

Le sommet de la rupture, c'est le silence absolu, le renoncement aux réponses les plus simples.

La femme est élevée par ses mères, l'homme par ses femmes. Ce dernier prend du retard, forcément. Un jour ou l'autre, il faut accepter, bon gré mal gré, de se laisser éduquer, verticalement et horizontalement. Toute l'éducation revient à s'apercevoir que l'homme, que soi-même, n'est qu'un *p'tit con*, exsudant ses naïvetés ridicules, ses goujateries, dans un réflexe de défense qui ne résiste pas à la moindre poussée sérieuse.

Mon éducation fut d'autant plus longue que je crus subtil de me défendre, d'opposer aux évidences la superbe de ma prétention. La mort accidentelle de C... me fit littéralement vaciller. Je tentais, dans un ultime sursaut d'orgueil, d'opposer le visage de la dureté à cet éboulement inattendu. Moi faible? Vous voulez rire. Je ris jaune, bien entendu, mon rictus se crispa, je connus la tentation du vide et je me surpris à éviter les fenêtres. Les larmes, les bienveillantes larmes furent mon seul recours, ma seule défense. Je me réveillai un beau matin moins con qu'à l'accoutumée. Tout ce que je m'étais refusé, que je lui avais refusé, je l'obtenais par la grâce de sa mort. Une nouvelle personne asseyait le triomphe de sa nouvelle morale. Celle-ci n'était pourtant constituée que de regrets tardifs.

Chacun connaît l'histoire du jeune berger qui criait au loup pour s'amuser, et qu'on ne crut plus quand le loup vint pour de bon. Aujourd'hui, fatigué d'attaquer, de riposter, je n'aspire plus qu'à la paix. Mais de cet engourdissement volontaire, les femmes déduisent que je suis bon pour recevoir les coups que je ne veux plus, que je ne peux plus donner. Il s'ensuit de nouvelles batailles que je mène par habitude, et où le métier est ma seule force, mon seul ressort.

A l'instar de saint Joseph, trouverai-je un jour, dans ma condition, les raisons mêmes de l'accepter, trouverai-je un jour, par la reconnaissance de ma faiblesse, la sagesse?

6.

LA FAIBLESSE ADMISE, PREMIER PAS VERS LA SAGESSE

> *Imposer sa volonté aux autres, c'est force.*
> *Se l'imposer à soi-même, c'est force supérieure.*
>
> LAO-TSEU

J'ai la plus grande méfiance des irréprochables, des sans-peur et sans-reproche. Nous avons tous de petites mauvaises actions à nous reprocher. Loin d'être enfouies et de ne surgir qu'à intervalles réguliers, elles nous brûlent chaque jour, et parfois, plusieurs fois par jour. Elles sont là pour nous rappeler qu'une fois, poussé par les événements, les autres, le *cours des choses,* nous avons commis un acte bête et méchant, sans que rien nous y obligeât. Une petite mauvaise action n'est pas un crime. On ne tue pas, on ne viole pas, on ment ou l'on trahit, à la rigueur, mais ce qui nous rend son souvenir atroce, c'est sa gratuité, ou son évitabilité. Le remords, la honte ne changent rien, mais nous sommes forcés de la supporter, condamnés à perpétuité.

Des trois ou quatre mauvaises actions dont je me souvienne, une seule est à ce jour racontable. J'avais seize ans et je venais de subir une appendicectomie dans une clinique parisienne. A cette époque, on pratiquait encore peu la chambre individuelle et j'attendais le jour de sortie en compagnie de trois autres malades. Notre infirmière était une vieille fille, ancienne militaire, pète-sec, mais naturellement, comme l'est un bougon, pour dissimuler son cœur. Elle se montrait avec moi d'une gentillesse affectueuse, touchante, et je comprends maintenant qu'elle s'adressait sans doute à l'enfant qu'elle n'aurait jamais. En revanche, c'est vrai, elle n'était pas spécialement gracieuse avec les trois autres qui avaient largement dépassé la trentaine.

Un jour ils se liguèrent, appelèrent le médecin-chef et se plaignirent de la vieille ronchon. Aux fins d'appui de leur thèse, ils me pressèrent d'abonder dans leur sens. Je le fis sans réfléchir, sans hésiter, pour ne pas décevoir mes compagnons. Aujourd'hui, vingt-sept ans plus tard, j'imagine la suite; on a dû la sermonner, mais elle a dû s'inquiéter :

— Le jeune homme aussi?
— Le jeune aussi!

Alors que s'est-il passé? A-t-elle pleuré comme je le fais aujourd'hui en écrivant ces lignes? S'est-elle

LA FAIBLESSE ADMISE

cuirassée encore plus? Après tout, les souvenirs de guerre l'avaient bien préparée. A-t-elle définitivement rangé son amour du genre humain dans les affaires classées?

J'ai moi aussi volé les couverts en argent de Mgr Myriel, mais à la différence de Jean Valjean, je ne saurai jamais si la vieille femme m'a pardonné.

Le voilà pris à son propre piège, pensez-vous. Il nous fait l'éloge de la lâcheté, mais sa lâcheté le précipite dans les larmes du remords. Mais ne comprenez-vous pas que cette lâcheté — et les autres que je ne vous conte pas — m'a fait homme? Ce fer rouge, rappel permanent, est le meilleur garant de la droiture que je veux imprimer, vaille que vaille, à la course de ma vie.

En me livrant à l'anamnèse de cette mauvaise action, je prends brusquement conscience qu'il est temps de cesser d'engranger des exemples, de citer des classiques ou de détourner des maîtres. Depuis le début de mon propos, j'ai vanté successivement mes 7 faiblesses capitales qui sont au nombre de 8, la timidité, la gourmandise, la paresse, la fragilité, la complaisance, l'égoïsme, la couardise et la lâcheté. Je suis donc fragile, complaisant, égoïste, couard et lâche. Cela n'est pas bien assurément, mais je ne crois pas pour autant que cela soit mal. C'est, un point c'est tout. J'ai prouvé que le courage n'est que le fruit des circonstances, ou, ce qui m'a bien amusé, de l'envie de boire un coup; j'ai rappelé que l'engagement physique est souvent une faveur qu'on s'offre; j'ai insisté sur la valeur relative d'un engagement politique qui ne peut qu'être publicitaire. Je n'ai pas eu de mal à démontrer lequel des deux sexes exerce la force vive de la reproduction. Mais je perçois mieux maintenant que l'on peut dire tout et son contraire. En permanence, le fort est le faible et vice versa. Celui qui abuse de sa force dévoile une grande faiblesse, mais celui qui n'en possède point n'est pas assuré pour autant de la force morale nécessaire aux grandes situations.

De cette conjonction, de ce choc des faiblesses, ne peut sortir qu'une voie, et elle n'est pas royale, elle ne ressemble ni à nos vieilles routes d'antan, ni à nos autostrades, c'est la voie tortueuse de la sagesse, c'est la voie tortueuse vers la sagesse.

Ce but à atteindre qu'on n'atteint jamais est semblable au bonheur qu'on peut, à la rigueur, et par chance, connaître fugacement. Cette sagesse, qui se nourrit de faiblesses, est le courage suprême quand il se présente anonymement. J'admire le justicier quand il ne se vante pas de ses exploits. Mais avant de parler du justicier masqué, anonyme, il me faut, pour mieux le situer, parler du grand personnage de nos enfances, le justicier solitaire. J'aime à la folie quand une veuve et un orphelin, persécutés par des tyrans ou des maniaques, sont sauvés *in extremis* par le justicier. C'est cet *in extremis* qui fait tout le prix de la justice. Par une perversion bien dans la

LA FAIBLESSE ADMISE

manière des individus missionnaires, ce n'est qu'au dernier moment, alors que les derniers outrages sont presque commencés, que l'irruption pacificatrice rassure, apaise le spectateur ou le lecteur. On a dit beaucoup de bêtises sur le *suspense,* comme s'il était seulement l'attente d'un imprévu prévisible. En vérité, le suspense agit sur les deux parties de nous-même, sur le docteur Jekyll comme sur mister Hyde. Le suspense tend jusqu'à rompre la partie de notre moi qui souhaite voir violer l'orpheline. Il nous donne l'illusion, l'espace d'un suspens, que nous sommes passés du côté du mal, que nous sommes le mal. L'effort est grandiose, l'abîme est proche, sous nos yeux, et l'héroïne de blanc vêtue n'est pas la seule à être sauvée par l'action du justicier. Ouf! Il était temps.

Mais le justicier dont je m'entretiens n'est qu'un courageux banal. Le justicier extraordinaire, c'est Zorro, le vengeur masqué. Zorro ne se contente pas d'être un cavalier zébrant le front et désarmant de son fouet ses adversaires. La particularité de Zorro est d'être double. Le cavalier noir, couleur de nuit, accomplit des exploits courageux, voire téméraires, mais il vit son ascèse le jour, quand il n'est, sciemment, qu'un pleutre joueur de guitare, aimant le bon vin et — si les studios Walt Disney le permettent — les jolies femmes.

Qu'on s'imagine sa vie au grand jour. Il subit les sarcasmes, voire les quolibets des admirateurs de lui-même! La belle femme de l'histoire est obligatoirement amoureuse de l'homme masqué, celui qui porte un loup, alors que le véritable homme masqué est celui qui n'en porte pas, et qui jouit — je ne vois pas d'autre mot — de la confusion régnante. A n'en pas douter, Zorro préfère son rôle obscur au grand jour à celui, glorieux, de la nuit. Sans cette pression sur lui-même, trouverait-il la force, le courage d'être un justicier? Zorro, c'est le courage, la société de justice à responsabilité anonyme.

Le caractère feuilletonesque de ses aventures montre amplement que la victoire définitive, ou seulement transitoire, ne l'intéresse pas. Seule compte vraiment une certaine curiosité pour la situation.

Le Père tranquille vit ce renoncement dans le film du même nom. Qu'on imagine un brave Français moyen, prototype interprété par Noël-Noël, de ces petits-bourgeois attentistes de l'occupation. A sa table, ses enfants se gaussent de lui, coupable de ne pas s'engager. La famille était décidément bien mal partie. Mais le Père tranquille ne dit rien, subissant l'orage sans trop chercher à s'en protéger. On s'en doute, Zorro bien de chez nous, et justicier bedonnant, il dirige en secret la résistance locale.

Si Zorro et le Père tranquille manifestent un certain sens de l'honneur, il est évident qu'il ne s'agit pas de celui qui fait s'entre-égorger deux idiots quand la sœur de l'un a fréquenté l'autre.

L'honneur est une de ces valeurs relatives qui

changent selon les sociétés, les époques, les modes et même les climats. Semblables à la cotation boursière, certaines valeurs honorifiques chutent lourdement. L'honneur des jeunes filles n'a plus cours. L'honneur patriotique ne vaut pas plus que la sidérurgie lorraine. En revanche, l'honneur journalistique est toujours aussi haut placé. En règle générale, l'honneur des minorités, des lobbies, des syndicats, des corporations se porte bien. On ne chatouille pas impunément la réputation d'un publicitaire. Un mot s'est vu détourné de son sens premier, et a été jeté sur le marché des indignations feutrées : déontologie. Jadis, les médecins se torturaient à l'aide de doses plus ou moins fortes de déontologie, c'était dans l'essence de la fonction mais, aujourd'hui, même les marchands de couleurs ont une déontologie, c'est-à-dire une théorie de leurs devoirs moraux! Les seuls à ne pas y avoir droit, ce sont les écrivains. A propos d'un roman où le malheureux s'est écorché vif pour dévoiler ses viscères, il n'est pas rare de lire dans la presse que « cela manque de sincérité », « sent le procédé », etc. Allez dire ça à un animateur de télévision et vous verrez la levée de boucliers corporatistes. Au demeurant, les écrivains ne valent pas mieux que le reste. Qu'attendre d'un auteur à qui l'on demande ce que pense son personnage et qui répond : « Je ne sais pas. C'est à lui qu'il faut le demander. » Refuser d'être un démiurge, dans ce cas, devrait se payer chèrement.

« Donnez-moi votre parole d'honneur », demande le cuistre, signifiant par là qu'un homme en a plusieurs. Je ne donne jamais ma parole d'honneur, estimant que ma simple parole suffit. Je m'apprête à ne plus rien donner du tout, ma réputation y suffira.

Il me semble que la droiture suffit à exprimer l'honneur, qu'une conduite franche présuppose. Il n'est nul besoin de sortir de ses gonds sitôt qu'un automobiliste exaspéré nous y incite. La vertu des membres de ma famille a plus d'intérêt pour les insulteurs que pour moi qui attache peu d'importance à la parenté. Quant à mes capacités érotiques, il y a belle lurette que je suis sorti de l'impasse quantitative. En ai-je rencontré des jeunes gens affirmant avoir à sept reprises, et dans une seule nuit, *honoré* une jeune femme? Le chiffre, déjà, est trop beau, trop chargé de symboles, y compris contemporains. A combien de friponnes, de rouées, la comédie n'a-t-elle pas tenu lieu d'orgasme?

S'il n'est pas la manifestation, l'affirmation d'une exigence intérieure, l'honneur devrait se limiter aux formules de politesse. Mais qu'est-ce à dire? Il ne faudrait plus relever la tête devant les insultes? Ne plus chercher la réhabilitation après un dénigrement systématique? Pas forcément. Pas toujours. Cela dépend de qui nous insulte, et comment. De deux choses l'une : ou l'algarade se déroule devant témoins, et ce sont eux qu'il faut convaincre pour abattre le

LA FAIBLESSE ADMISE

fâcheux; ou alors elle se déroule sans témoins, et qui nous jugera de ne pas répondre à une misérable provocation?

J'ai souvent critiqué le progrès, mais quand l'occasion est donnée de lui rendre justice, il n'y faut pas manquer. Le seul vrai progrès, c'est le droit. Les avocats nous évitent la rixe idiote. Notre honneur passe par leurs effets de manches, la compréhension du président ou du jury et, parfois, les substantiels dommages et intérêts. Pourvu que ça dure. Pourvu que nous n'en revenions pas aux épreuves du Jugement de Dieu. Un homme avait été assassiné dans la forêt de Bondy. Son chien reconnut le meurtrier et les juges décidèrent de soumettre la bête et l'accusé à l'impitoyable jugement. L'avocat de l'animal, ce fut un tonneau vide dans lequel il se réfugiait pour échapper aux coups de gourdin de l'assassin. Le chien sut attendre son heure et profiter d'un moment d'inattention de son adversaire pour lui sauter à la gorge. Je n'ai pas la témérité d'un chien. Ce n'est pas un tonneau que devrait me fournir l'administration judiciaire, mais un sauf-conduit. Et puis, la légende est jolie, mais qui me prouve qu'un pauvre innocent n'a pas eu affaire à un chien lunatique?

Il y a le droit et il y a mon droit. Celui que je m'arroge, c'est celui de changer d'avis. J'entends bien que je prends ce droit, mais qu'à aucun moment, je ne revendique son inscription à un catalogue de réformes. Or, non seulement je reconnais changer d'avis quand l'occasion se présente, mais, de plus, j'affirme y trouver du plaisir. Dans les mille et un gestes quotidiens, chacun s'acharne à voir des positions interchangeables. « Je comprends qu'on déserte une cause pour savoir ce qu'on éprouvera à en servir une autre », écrivait Baudelaire dans *Mon cœur mis à nu*.

Sans aller jusqu'à épouser une nouvelle cause – Baudelaire est le premier de tous à n'en avoir servi qu'une –, je reconnais que je change d'avis, aussi souvent que cela est agréable et commode à mes raisonnements. Je n'hésite pas à me contredire, quand un nouvel éclairage m'oblige à rectifier mon propos, selon le sain adage qu'on n'enseigne plus guère que dans les corps de troupe : « Faites ce que je vous dis de faire, mais ne faites pas ce que je fais. »

Cette attitude est quelque peu vindicative. Elle révèle même une force de caractère. Rien n'est plus aisé que d'adopter une position une fois pour toutes et de n'en point changer. Or, cette position qu'on adopte n'est souvent que l'expression d'un conformisme à la mode, donc changeant. Pour avoir pris une position, souvent publique, il n'en faudrait plus démordre. Depuis vingt ans, j'ai adopté trois positions politiques différentes et je n'éprouve pas la moindre honte à les énumérer. J'ai successivement été narcisse-léniniste, révolutionnaire modéré et conservateur de gauche (tendance Napoléon III). Ceux qui mal me connaissent tiennent toujours à

LA FAIBLESSE ADMISE

me coller l'étiquette d'anarchiste de droite alors que je ne suis ni l'un — croyant trop à la règle, condition de la liberté — ni l'autre — mes origines plébéiennes me l'interdisent. Mais après tout, si ça leur fait plaisir, ai-je le droit de refuser à qui que ce soit le plaisir de croire m'avoir deviné?

Ceux qui refusent de changer d'avis, alors que tous les y invitent, vivent dans la peur d'être considérés comme des girouettes. Mais la girouette est pratique, utile. Et sage. D'ailleurs peut-on traiter, par exemple, Maurice Thorez de girouette, alors qu'il ne se plia qu'au souffle du vent d'Est? Les commentateurs sportifs nous assurent que tel joueur de football est grand parce qu'il montre ses talents d'opportuniste. Qu'est-ce qu'un opportuniste? Un joueur qui reste à l'affût, en embuscade, qui guette la passe en retrait au gardien pour l'intercepter, et propulser le ballon dans le but vide. Ce qui est bon pour un sportif peut tout aussi bien l'être pour quelqu'un d'autre. En vérité, changer d'avis n'est préjudiciable que si c'est pratiqué trop souvent. Suivre la mode, soit, mais de loin. Le médiocre Johnny Hallyday a réalisé le remarquable tour de force de suivre toutes les modes sans jamais en créer une. Malgré ses laborieux efforts, il ne sera jamais un grand, il ne sera jamais le *King*. Elvis, au contraire, après avoir été génial, au sens baudelairien [1], s'est adapté aux

---

[1]. « Créer un poncif, c'est le génie », in *Fusées*.

modes en les prenant de loin. On retrouve là cette philosophie du roseau qui est la véritable force sous le couvert de la faiblesse. Rappelons-nous ce que Maurice Chevalier explique dans le film *Avec le sourire*. *Le Chapeau de Zozo* est une chanson qu'on peut destiner à tous les publics, à condition de chanter un couplet pour chacune de ses catégories. Un peu marlou pour le poulailler, la bouche en cul de poule pour les baignoires, et le petit doigt en l'air pour ces messieurs qui... enfin, vous voyez ce que je veux dire, explique Chevalier, toujours avec le sourire. Avec un peu d'opportunisme, on préserve son intégrité. Avec trop d'opportunisme, on se dévalue. Sans opportunisme, on ne tient pas la distance, on fournit des troupes aux causes perdues.

Les paroles s'envolent, les écrits restent. Oui, et alors? Ce n'est pourtant pas sorcier de comprendre que ce que l'on écrit sous le coup de l'émotion n'est pas parole d'évangile. L'opinion du lecteur, qui pourtant nous fait vivre, n'a d'importance qu'en ce qu'elle s'accorde à la nôtre, l'espace d'une lecture. Il ne me viendrait pas à l'idée de réfuter les idées de Léon Bloy pendant que je le lis.

Pour Léon Tolstoï, l'affaire est plus délicate. Je ne suis pas nationaliste et Napoléon Ier n'est pas de mes admirations. Mais quand Tolstoï me le présente sous les traits d'un avorton, au caractère borné, une fibre patriotique se réveille. Je ne me prive pas pour autant du plaisir de *La Guerre et la Paix*. Le

LA FAIBLESSE ADMISE

personnage de Koutouzov, à lui seul, vaut la lecture. Voilà le sage qui tire parti de sa faiblesse. Il a compris qu'il ne pouvait vaincre Napoléon tout de suite et en face. La Grande Armée est une boule lancée avec une telle force que seule une succession d'obstacles peut l'arrêter. Cela ne peut se réaliser qu'avec du temps. Après le carnage de Borodino, terrifiant affrontement dont personne ne revient vainqueur, la boule continue sur sa lancée, mais elle a perdu sa vitesse initiale. L'armée russe se retire, se retire encore, abandonne Moscou, ne s'y cramponne pas stupidement. Koutouzov n'a pas cherché à empêcher le cours des événements. Il a plié, fait le dos rond, mais il a préparé les conditions de la déroute adverse par la seule force de ses faiblesses. A Moscou, la boule s'est figée.

Sitôt le cours des armes inversé, Koutouzov est victime d'une cabale. Les médiocres organisent sa destitution, lui reprochant surtout d'avoir eu raison. C'est tellement plus facile de combattre les Français en fuite...

Koutouzov est un chef des temps d'orage, pas des défilés et des triomphes. Il ne comprend pas la nouvelle situation. Il ne lui reste qu'à disparaître. Il se laisse mourir.

Aussitôt que surgit un individu d'exception, à n'importe quelle époque et dans n'importe quel pays, il suscite obligatoirement un complot, réaction spontanée de la jalousie. Il est le réflexe essentiel des individus menacés par plus fort qu'eux. Pis, c'est un anticorps éminemment actif. Mais est-ce un mal? « Pourquoi te plaindre de tes ennemis? Pourraient-ils jamais être des amis, des hommes pour lesquels une nature comme la tienne est, en secret, un reproche éternel [1]? » Quant aux honneurs, aux décorations, ces « lettres de change tirées sur l'opinion publique [2] », le sage doit-il s'en soucier? Eh bien oui, il doit s'en soucier, il ne peut pas ne pas s'en soucier. Le sage est un névrosé comme les autres. Ce qui le distingue est seulement la reconnaissance de ses névroses, et la nécessité de les supporter seul. C'est une très grande faiblesse de vivre seul, j'entends sans pleurer continuellement sur l'âme sœur impossible. Les forts vivent en couples, en familles, en bandes, en groupes. Ils se retrouvent pour mettre leurs idées sur la table basse du salon, à l'heure de l'apéritif. Là, ces chères petites sont triées, passées au tamis de la dernière opinion en vogue, redistribuées en fonction des possibilités de chacun.

Le faible vit seul parce qu'il ne supporte pas la solitude à plusieurs. La vraie solitude est une terrible et vivifiante épreuve. Ésope, à qui son maître demandait un jour de lui servir un repas composé de ce qui se trouvait de meilleur, servit des langues. C'est par la langue que nous complimentons, réci-

---

1. Goethe.
2. Schopenhauer.

LA FAIBLESSE ADMISE

tons des poèmes, et exprimons d'autres pensées agréables. Amusé, mais ne renonçant pas à son repas, le maître, beau joueur, exigea alors un repas composé de ce qui se trouvait de pire. Ésope, imperturbablement, servit des langues. La langue fourchue, menteuse...

Tout comme la langue d'Ésope, la solitude est à la fois la pire et la plus belle des choses. La pire, quand elle vous tombe dessus au moment où on ne la souhaite pas, quand elle vous fait chercher dans votre carnet d'adresses la maîtresse impossible. Rien à voir avec ces vagues d'ennui qui vous submergent quand se pose la question du pourquoi; cet ennui n'est pas oisif, il est métaphysique. La mauvaise solitude vous prend par l'âme et vous ouvre les yeux. Devant soi, l'échec sentimental se manifeste par une bulle de vide. Alors, dans un mouvement de chute si agréable qu'on se prend au jeu et qu'on le rejoue et se le repasse, on se retrouve au fond du puits et l'on se dit que ça y est, la crise est passée parce qu'on ne peut pas tomber plus bas. La tristesse se transforme instantanément en force, les larmes en gaieté raisonnée et le désespoir a brusquement des couleurs. La solitude est devenue une joie, une source d'inspiration, de travail et d'équilibre. L'homme seul a recollé quelques morceaux.

De ces mouvements de balancier, je tire plus de satisfaction que d'embarras. Heureux de vieillir, de sentir mon corps se rapprocher de la vieillesse, de quitter enfin les rives de la jeunesse où j'ai passé de si mauvaises vacances, je n'en retombe pas moins en enfance. Sensible à la vitesse effrénée du temps qui court, j'aspire à retrouver le calme de cette période où le temps semble figé, où le temps *est* figé, et je perçois sans peine que l'enfance ne se revit que dans la vieillesse.

On n'attend qu'un livre pour obéir au doigt et à l'œil à ses commandements. Ce fut A *rebours* de Huysmans. Le personnage central (mais il n'y a que lui!), Des Esseintes, lassé des lieux communs contemporains, se retire à Fontenay-aux-Roses. Fontenay, en 1884, c'était encore la campagne. Des Esseintes se calfeutre dans sa maison et y instaure une discipline esthétique. Un détail explique le tout. Les domestiques sont obligés de passer plusieurs fois dans la journée devant la fenêtre de son bureau. Craignant que leurs vêtements ne provoquent une contrariété de ton, une faute de goût dans le paysage, il les contraint à en revêtir d'une teinte plus adaptée à l'harmonie des couleurs. Un autre trait de Des Esseintes résume son caractère. Il n'encadre pas ses eaux-fortes et ses aquatintes de Goya et de Rembrandt :

« ... L'universelle admiration, que ses œuvres avaient conquise, le détournait néanmoins un peu, et il avait renoncé, depuis des années, à les encadrer, de peur qu'en les mettant en évidence, le premier imbécile venu ne jugeât nécessaire de lâcher des

LA FAIBLESSE ADMISE

âneries et de s'extasier, sur un mode tout appris, devant elles. »

Ce que lui contemple, ce sont des gravures représentant des paquebots, ainsi que des boussoles, des sextants, des compas, des jumelles et des cartes :

« Il se procurait ainsi, en ne bougeant point, les sensations rapides, presque instantanées, d'un voyage au long cours, et ce plaisir du déplacement qui n'existe, en somme, que par le souvenir et presque jamais dans le présent, à la minute même où il s'effectue, il le humait pleinement, à l'aise, sans fatigue, sans tracas, dans cette cabine dont le désordre apprêté, dont la tenue transitoire et l'installation comme temporaire correspondaient assez exactement avec le séjour passager qu'il faisait, avec le temps limité de ses repas, et contrastaient d'une manière absolue avec son cabinet de travail, une pièce définitive, rangée, bien assise, outillée pour le ferme maintien d'une existence casanière. »

On pense irrésistiblement à ce dessin de Chaval, où le célèbre petit homme chauve du dessinateur, assis dans un fauteuil, tend les jambes en avant. La légende est grandiose : « Homme particulièrement doué réussissant à éprouver une impression de vitesse par simple rotation de la terre. » Huysmans et Chaval se placent au centre du monde, mais est-ce la sagesse ? Le sage n'a pas à échapper au monde. Il ne se situe pas par rapport au monde. La conception qu'il en a implique une attitude neutre à l'égard de l'existence. Le zéniste se situe plus volontiers à la périphérie, sur le périmètre du cercle et je crois percevoir le processus de l'assagissement. Dans un premier temps, il est sans doute nécessaire de s'extirper de la surface du cercle, de se réfugier au centre, mais ce n'est qu'un point d'appui. L'objectif, c'est un endroit quelconque de la périphérie. Du centre, reconnaissance du moi, il convient de passer au soi.

Est-ce pour aller vers ce point que Des Esseintes décide un jour de voyager en Angleterre? Non, à la suite d'un évanouissement, il décide de *changer d'air* :

« Une fois de plus, cette solitude si ardemment enviée et enfin acquise, avait abouti à une détresse affreuse. »

Mais arrivé à la gare Saint-Lazare, le mauvais temps, la bière qu'il boit dans un estaminet, et sans doute les discussions de voyageurs anglais lui rappellent ses résolutions premières :

« A quoi bon bouger quand on peut voyager si magnifiquement sur une chaise? N'était-il pas à Londres dont les senteurs, dont l'atmosphère, dont les habitants, dont les ustensiles l'environnaient? »

En ai-je croisé des Anglais qui n'ont pas lu Fielding! Des Américains qui n'ont pas lu Hawthorne! N'en sais-je pas plus à bon droit sur ces civilisations que les autochtones qui n'ont jamais ouvert un livre? Supposons que je me rende dans une université de

LA FAIBLESSE ADMISE

New York. Qui risqué-je d'y rencontrer? Robbe-Grillet. Quel dépaysement! D'ailleurs, j'ai ma manière de pratiquer l'évasion. Avec de la musique *country* sur la platine, un *Wild Turkey* dans mon verre, un cigare de Virginie à mes lèvres et *Sanctuaire* bien en main, je suis transporté dans le *Deep South*. La rêverie, inspirée dit-on par la part féminine qui est en nous, procure une perception extrêmement sensible de l'écoulement rapide du temps, et, de ce fait, le ralentit. Rien n'est plus agréable que de rêver éveillé. Voilà la distraction gratuite, écologique, qui ne consomme pas d'énergie, pas même la sienne, et surtout pratique puisque aisément transportable. Qu'elle se déroule allongé sur un lit, ou en promenade, elle offre en permanence les programmes infinis de l'imagination. Dans une rêverie digne de ce nom, les mondes changent, les villes se reforment, les hommes s'améliorent, les femmes se donnent, les romans sont en images — et en couleurs —, les films se rembobinent instantanément. A l'instar de la nature qui copie l'art, la réalité copie le rêve. Elle copie mal, c'est certain, n'étant pas très douée pour la reproduction, et c'est sans doute pour cela que les peintures qui se veulent surréelles sont en général d'un goût fade, peu relevé. Le paradoxe étonnant du *Jardin des délices* de Jérôme Bosch, c'est qu'il s'agit d'une peinture réaliste, que les horreurs représentées sont visibles sur la terre des hommes. La peinture surréaliste, celle issue des manifestes, n'a pas tenu le coup devant l'invention technique. L'aérographe a permis à la génération de la bande dessinée de rejeter bien loin les timides visions des Dali, Tanguy, Delvaux et autres Trouille. La rêverie sert la création, certes, mais seulement par le bouillonnement qu'elle fait naître. Il m'est arrivé, dans le doux coton d'une hallucination hypnagogique, de sentir éclore en moi une pensée que je jugeai immédiatement géniale. Au prix d'un effort véritablement surhumain, et tous ceux qui tentent de conserver les bribes de leurs rêves me comprendront, j'ancrai en moi cette pensée, me levai et me précipitai vers un crayon et du papier. « La montagne accoucha d'une souris. » C'était une phrase banale, faussement poétique, qui eût, certes, contenté plus d'un surréaliste, mais qui ne m'apportait rien d'autre que le regret d'avoir interrompu ma rêverie. Soit dit en passant, je suis toujours consterné quand je lis des textes écrits sous l'emprise de la drogue. La drogue, je suis bien trop faible pour seulement l'essayer. Ma foi, je veux bien admettre que se droguer soit agréable – quoique dangereux –, mais pourquoi diantre se ficher dans la tête des prétentions à écrire? On retrouve là le désormais classique et pervers alibi culturel. Les drogués, les alcooliques peuvent bien se démolir la santé, cela les regarde, mais pourquoi se croire obligé d'écrire des poèmes? La poésie devrait être exclusivement réservée à ceux qui se lèvent de bon matin et se mettent au travail, comme d'autres font de

LA FAIBLESSE ADMISE

l'exercice. Cela éviterait la mise au pilon de bien des plaquettes éditées à compte d'auteur, opuscules conçus dans la fausse fièvre des inspirations suspectes.

A réfléchir à la fonction de la rêverie, je me demande si les impuissants n'ont pas la vie érotique la plus riche, puisque le temps que nous accordons à imaginer notre plaisir est largement supérieur à celui où nous le mettons en exécution. La plus grande force de la rêverie est de nous abstraire du monde, de l'univers grouillant. On dit que les absents ont toujours tort. Je crois que les absents ont souvent raison de ne pas se livrer à des palabres qui les ennuient. Sauf en cas de force majeure, l'absence est le résultat d'une réflexion lucide, donc sage. Mais il ne s'agit que de l'absence physique. L'absence réellement profonde, c'est la faculté de rêver face à son interlocuteur. Ce n'est pas forcément un fâcheux, il ne profère pas obligatoirement des absurdités ou des banalités. Sa prestation n'est pas en cause. L'absence est un rapport de nous-même, avec nous-même, en nous-même. Quand un spectateur regarde un film, ou une pièce, il se croit obligé de n'avoir d'yeux que pour l'acteur qui parle. Il y a là, sans doute, la volonté à peine dissimulée d'en avoir pour son argent. J'ai payé pour du texte, j'en veux. Pourtant, c'est lorsqu'il se tait, qu'il attend la fin de la tirade de l'autre que le comédien démontre le plus essentiellement son talent.

J'ai quelqu'un en face de moi. J'ai, selon la

personne, de la sympathie, de l'amitié, du désir ou de la tendresse pour elle. J'éprouve parfois une colère rentrée, ce qui est préjudiciable à mon équilibre. Dans tous les cas, je n'ai que deux solutions. Soit me lever, et indiquer, sur un ton qui peut virer du patelin au sévère, que l'entretien est terminé et que je voudrais bien travailler, faire la sieste ou téléphoner à une jeune femme pour qu'elle vienne me prodiguer des câlins le soir même, ce qui occasionne au fâcheux des petites vexations elles-mêmes génératrices de rancœurs indélébiles, soit rêver les yeux ouverts, commencer à rédiger les belles pages dont je me promettais la mise en forme. Les conversations sont ce qu'elles sont et il est possible, de temps en temps, de dodeliner de la tête en murmurant des « mmh-mmh » d'acquiescement. Il est même permis d'y jeter une phrase, une sentence moralisante, ce qui a pour effet de pousser l'interlocuteur à repartir de plus belle, nous évitant le vrai dialogue qui nous pendait au nez. Cela peut être très simple, très court. Je propose l'expression : « C'est complexe. » En général, l'autre répond du tac au tac : « Oui, c'est complexe, mais... » et le revoilà parti. Ou alors, il peut, le bougre, vous renvoyer la balle : « Oui, mais tout est complexe. » Et il aura raison, car à l'exception des coups de pied au cul, bien des choses sont complexes, en ce bas monde.

Cette absence, proche de l'état de veille, me rappelle ma vie d'écolier. De ma place, par la fenêtre,

LA FAIBLESSE ADMISE

j'ai vu un immeuble prendre racine. La grue, surtout, me passionnait. Elle était rouge, mais je l'invente peut-être. J'étais près de la fenêtre, et aussi du radiateur, coup double, et je chantais intérieurement la chanson de Georgius :

> *Oui je sais, je passe pour un cuistre*
> *Mais j'm'en fous, je suis près du radiateur*
> *Et puis comme plus tard, j'veux d'venir ministre*
> *Moins je s'rai calé, plus j'aurai d'valeur.*

C'est à l'école que j'ai ressenti de la manière la plus consciente l'intolérable pression de ceux qui vous veulent du bien. En règle générale, je m'appliquais avec les professeurs dont le cours était passionnant. L'un d'eux, malheureusement, tint à me faire « prendre conscience », toujours la même chanson. J'étais abonné au « peut mieux faire ». Une fois, il s'enhardit à juger une de mes rédactions et écrivit lamentablement : « Je crains que vous ne soyez jamais capable du moindre sérieux. » L'imbécile! Les occasions de rire, de fortifier les muscles zygomatiques ne sont pas si nombreuses. Quand un humoriste vous échoit, il convient d'en prendre soin. J'en avais tellement par-dessus la tête de la sempiternelle rédaction de rentrée : « Racontez votre meilleur souvenir de vacances » que je rendis ma copie seulement recouverte de cette ligne provocatrice : « Monsieur, étant donné le caractère scabreux de la chose, il m'est impossible de vous raconter mon meilleur souvenir de vacances. » Il est vrai que je me vantais. Je fus gratifié d'un 2 sur 20, ce que je trouve absurde. Je méritais un zéro pour devoir non fait ou alors 15, en signe de soutien à un sens de l'humour naissant. La fois où le thème imposé se bonifia, je jouai la surenchère. Il s'agissait de raconter un incident de la rue, vu par trois personnes socialement différentes, une concierge, un médaillé de la Légion d'honneur et un journaliste. Je choisis de conter la mésaventure d'un gardien de la paix perdant son pantalon devant un corbillard. 6 sur 20! Le gommeux expliqua à mes parents : « Ce que cherche votre fils, c'est son confort. »

S'il entendait par là que j'adorais ronronner auprès du radiateur et sécher la gymnastique, il avait raison. Mais je ne cherchais pas mon confort intellectuel. J'étais un provocateur, et j'en suis bien content, car si je ne l'avais été à l'âge où les jeunes sont fayots, je serais peut-être aujourd'hui à la recherche d'une seconde jeunesse, avec toutes les bêtises que cela promet. Je me croirais obligé d'écouter de la musique bruyante, voire de la danser. Il me faudrait à tout prix séduire une gamine de vingt ans de moins que moi dans le but de « refaire ma vie », de « repartir de zéro », ce qui signifie très exactement vingt ans supplémentaires à s'occuper de moutards supplémentaires que la donzelle ne manquerait pas d'exiger au nom de l'amour.

Quoi? Comment! Et l'amour? Et la passion?

LA FAIBLESSE ADMISE

L'amour et la passion n'ont rien à voir, rien de commun avec la sagesse. Je ne me livrerai pas, courageusement, intrépidement, à la reproduction. Ma faiblesse est ma force, une fois de plus. Je ne tiens pas à être un nouveau mari, un nouveau père, un nouveau quoi que ce soit, ni même un ancien. Je n'aime pas mon époque, je ne l'apprécie pas. Je n'apprécie que l'instant. Du moins, j'y tends.

Aimer son époque est une démission. Il me semble qu'on aime son époque comme on se raccroche à un espoir utopique, on se force à la trouver formidable. J'ai longtemps cru que la nôtre était tout aussi ennuyeuse que les précédentes, mais c'était une erreur, un préjugé que je m'infligeais parce que, victime des diverses pressions qui assaillent l'homme libre, je n'osais pas la dénigrer de peur de ne pas marcher avec mon temps. Je sais maintenant qu'elle est pire et qu'une grande partie de ce qu'affirmaient les contestataires — oui, même ces petits cons — est vraie, que la télé ne peut être un vecteur de culture. Mais j'ajoute que les congés payés, aussi, crétinisent.

« L'homme libre, ça n'existe pas, nous sommes tous aliénés, victimes du judéo-christianisme inhérent à la société », répètent contradictoirement les adorateurs du progrès. Mais si, l'homme libre existe. La liberté est accessible à tout le monde, ou presque. Il suffit de vivre en France et de penser par soi-même. Bien sûr, on est toujours un petit peu sujet aux modes, comme d'autres le sont aux angines, mais j'ai déjà montré que, dans des limites raisonnables, la mode est supportable.

Une des activités qui aident le mieux la rêverie est sans conteste possible la dégustation, à ne pas confondre avec le repas. La dégustation doit se dérouler seul ou à deux. A trois, c'est la foule, à quatre, l'émeute.
Ne se dégustent que les boissons alcoolisées. Il faut admettre que le jus de fruits et les eaux minérales ne peuvent prétendre offrir les palettes de goût des boissons fortes. Le thé, seul, permet la recherche d'arômes et d'amertumes comparables à ceux d'un grand whisky.
Mais déguster n'est pas qu'affaire de goût, de saveur, c'est affaire de temps. L'amateur prend son temps, on ne déguste pas rapidement. Déguster lentement est un pléonasme. Un rapport intime, résultat d'une confiance mutuelle et d'une saine curiosité, doit s'établir entre le dégustateur et le liquide. La première relation flatte la vue. La couleur est une indication, mais aussi un choc esthétique. La seconde relation stimule un sens qui tend à s'affadir : l'odorat. La troisième relation se divise en deux : le goût et l'arrière-goût qui est le but fondamental de toute dégustation. Évidemment, il ne s'agit pas de boire cul sec, de se *rincer la dalle*. Dans la dégustation, chaque pas est compté, mesuré. A chaque

LA FAIBLESSE ADMISE

étape, notre cerveau a le devoir de tirer le bilan de l'étape précédente, analyser, comparer les saveurs, et surtout réagir rapidement à ce que ces senteurs évoquent dans la mémoire consciente.

Il n'est pas interdit d'être gourmand et d'en reprendre. Mais attention, la langue et le palais s'habituent vite et la rage que nous emploierions à boire pour tenter de retrouver le goût premier nous amènerait trop vite dans le marécage de l'ivresse.

Dans la dégustation des boissons, nous mesurons nous-même les temps nécessaires. C'est un exercice qui requiert de l'habileté, de la retenue, de la maîtrise de soi. La dégustation du cigare évite cette difficulté puisque le tabac se consume à sa propre vitesse. En choisissant la taille de son cigare, c'est une durée en sa propre compagnie que l'on choisit. Une demi-heure, une heure avec soi, c'est le cadeau qui coupe une journée de travail, c'est la compagnie rêvée, silencieuse et docile qui permet de se retrouver.

La dégustation ouvre les portes de la Voie. Il y a une voie du whisky, européano-celtique, comme il y a une voie du thé, sino-japonaise. Il nous faut ritualiser nos dégustations. Nous avons besoin de cérémonies pour trouver la voie. Il faut une cérémonie du whisky comme il y a une cérémonie du thé. Il ne s'agit pas de copier cette voie, laquelle, rappelons-le, incite à se défier du centre, en pratiquant une cérémonie où le lieu, la décoration, le rapport à l'invité, le besoin d'une discipline sont des éléments déterminants. La voie du whisky que je prône sera plus conforme à nos traditions, à nos faiblesses, car le sage n'est pas un moine et le moine n'est pas toujours sage. La littérature chinoise ou japonaise fourmille de récits où des moines bouddhistes, prêcheurs de vertu, sont retrouvés ivres morts au fond d'un bordel. Je n'aspire pas au dénuement, je ne tiens pas du tout à ce que ma chambre ressemble à une cellule. La rigueur, l'intransigeance n'ont d'intérêt qu'intérieures. C'est l'âme qui craint l'embonpoint, pas la taille. Certains croient posséder la clé de la sagesse en affirmant bien haut qu'ils n'ont besoin de rien. Mais l'insincérité perce vite. Il suffit d'un héritage, d'un gain dans une loterie, ou d'une augmentation de salaire et celui qui proférait une telle ambition se découvre brusquement des appétits et des besoins grandioses.

J'avoue que j'ai besoin d'argent, d'un peu plus, d'un four à micro-ondes, pour passer encore moins de temps à la cuisine, d'une voiture neuve et d'appeler le plombier car un de mes robinets fuit et chaque jour qui passe rapproche d'une catastrophe. Je n'ai pas besoin de rien, j'ai besoin de beaucoup, en revanche, j'ai besoin *du* rien. J'ai besoin d'une absence, d'un vide, mais quand je suis convaincu de la nécessité de ce rien, je m'irrite, sachant trop que rien n'est pas un mot assez fort, qu'il n'existe pas de rien absolu, que ce mot couvre de son ambiguïté plus d'une attitude humaine : les petits riens, trois fois rien, ce qui est déjà quelque chose; un rien, c'est un soupçon. Les véritables interrogations ne débouchent jamais sur des réponses, ce qui serait vraiment trop facile, mais sur des doutes, du rien quantifié.

Aurai-je le courage d'affronter plus fort que le rien? Aurai-je la force d'affronter le néant? Oh que non. Le néant me fascine, je pense plusieurs fois par jour à la mort, ou plus exactement à ma mort, puisqu'elle signifie la fin du monde, je joue avec elle, je lui tire les moustaches. Quand une grippe me prend, j'aime jusqu'à cet engourdissement de la fièvre qui nous pousse au lit, téléphone débranché, et nous fait désirer les plus grands éloignements. Dans ce moment où le sommeil vient à nous, langoureusement, sensation comparable à celle que l'on ressent quand on est prisonnier des somnifères, une bombe atomique — ou Rita Hayworth dans *Gilda*, — ce qui est un peu la même chose — pourrait exploser dans la chambre, je m'en ficherais éperdument. Il n'est pas sûr que je souhaite me réveiller.

« La liberté ou la mort », proclamaient certains, mais la liberté est dans la mort. Grand sommeil ou petite mort, cela se tient. Personne n'est revenu de la mort pour nous en parler, mais du plaisir, alors? Il est aisé de décrire les gestes de l'amour, de reproduire les expressions qui pimentent et de colliger les jurons qui excitent, mais quant à la description minutieuse et intime de l'explosion, bernique! Peut-être n'osons-nous pas, effrayés de ce que nous avons entrevu, l'espace d'un battement de cils. Que nous revenions de la maladie ou du plaisir, nous nous remémorons confusément un monde perdu, qui accepte de livrer quelques secrets, mais dont, à l'instar des récits populaires qui charmèrent notre enfance, les grands prêtres du lieu nous ayant drogués, ou hypnotisés, nous ne gardons aucun souvenir. Dans le cas d'une maladie grave, s'ajoute une impression enrichissante, la sensation d'être devenu meilleur, voire d'être devenu bon.

Il faut choisir. Quand on n'a pas le courage de se suicider, quand on a la curiosité de continuer à vivre, il faut s'atteler à la conquête du rien par le travail, il n'y a pas d'autre solution. Traîner son mal de vivre est l'inconfortable situation des indécis. Il y a aussi cette solution du suicide à petit feu, qui consiste à boire ou à se droguer. En avons-nous connu des ratés qui n'écrivent pas, ne peignent plus parce que tout aurait été dit, écrit, peint, sculpté? Ne serait-il plus nécessaire de s'atteler à une tâche? La création ne serait-elle qu'une simple prétention à paraître? Ces gens-là n'ont pas la force de raisonnement qu'ils s'attribuent. Les plus insistants d'entre nous ont la faiblesse de croire qu'écrire ne revient pas à donner de la lecture, mais à être un pont, ou plus modestement un chaînon logique et nécessaire entre le premier homme sur terre et celui à venir. L'homme ordinaire ne se préoccupe que de passer le temps. L'horrible mot que distraire! Ne signifie-t-il pas qu'il nous détourne? La seule manière d'abolir le temps, c'est de l'employer. Le plaisir? Oui, puisque je ne suis pas un anachorète, mais seulement au service de mon absence. L'engagement? Non! L'abstention politique, et pour commencer le refus de vote, n'est que la partie d'un tout, d'une seule et même abstention. Dieu? J'accepte de nommer ainsi cette curiosité intime qui me pousse à déchiffrer le camouflage du sacré dans un monde qui ne l'est plus.

Je me suis beaucoup aimé. Je me suis dispersé. Je comprends maintenant que je me protégeais, tant bien que mal, des thèmes profonds qui frappaient à ma porte. Je fus rocker, militant, libertin, mais aujourd'hui, je m'aime de moins en moins, sans d'ailleurs me détester beaucoup plus.

Jadis, la première image que je formais dans mon cerveau pour décrire l'état de ma pensée, c'était un volcan en éruption, un magma. Aujourd'hui, je vois une étendue d'eau dormante, un étang. Peu importe qu'il soit boueux dans ses fonds, difficile d'accès ou éloigné de la route. Peu importe qu'il ne soit d'aucune importance, que l'eau qu'il recèle ne serve à créer la moindre énergie.

Le plus important est toujours le moins utile.

Je n'agis plus, je ne revendique rien, je suis un. Dans l'instant où je l'énonce, je m'aperçois avec bonheur que l'anagramme de un est *nu*. Je suis le roi nu qui se moque de parcourir la foule en caleçon. La seule prière que j'adresse aux spectateurs, c'est de ne pas se croire obligés de trouver beaux mes habits neufs. Qu'on me vante Louis XI, et Talleyrand, mais qu'on m'abomine Napoléon et les soldats de l'an II. Mais la reconnaissance de sa faiblesse, l'acceptation sans honte de son anémie d'action, débouche sur un drame. Je perçois avec acuité l'inanité des discussions. Voilà sans doute ma plus grande faiblesse. Non seulement je rencontre de moins en moins de gens avec qui parler, mais encore de moins en moins de gens avec qui ne rien dire, avec qui se taire.

TABLE DES MATIÈRES

Avant-propos ou *Pour en finir avec la force* .. 11
1. Faiblesse et faiblesses 17
2. L'étoffe des héros 49
3. La trempe 71
4. La faiblesse tranquille 101
5. Faibles hommes 119
6. La faiblesse admise, premier pas vers la sagesse 137

CET OUVRAGE A ÉTÉ COMPOSÉ
ET ACHEVÉ D'IMPRIMER SUR ROTO-PAGE
PAR L'IMPRIMERIE FLOCH À MAYENNE
EN AOÛT 1988

N° d'édition : 31236. N° d'impression : 26792
Dépôt légal : septembre 1988
Imprimé en France